世界500强

销售总监管理日志

陆 冰◎著

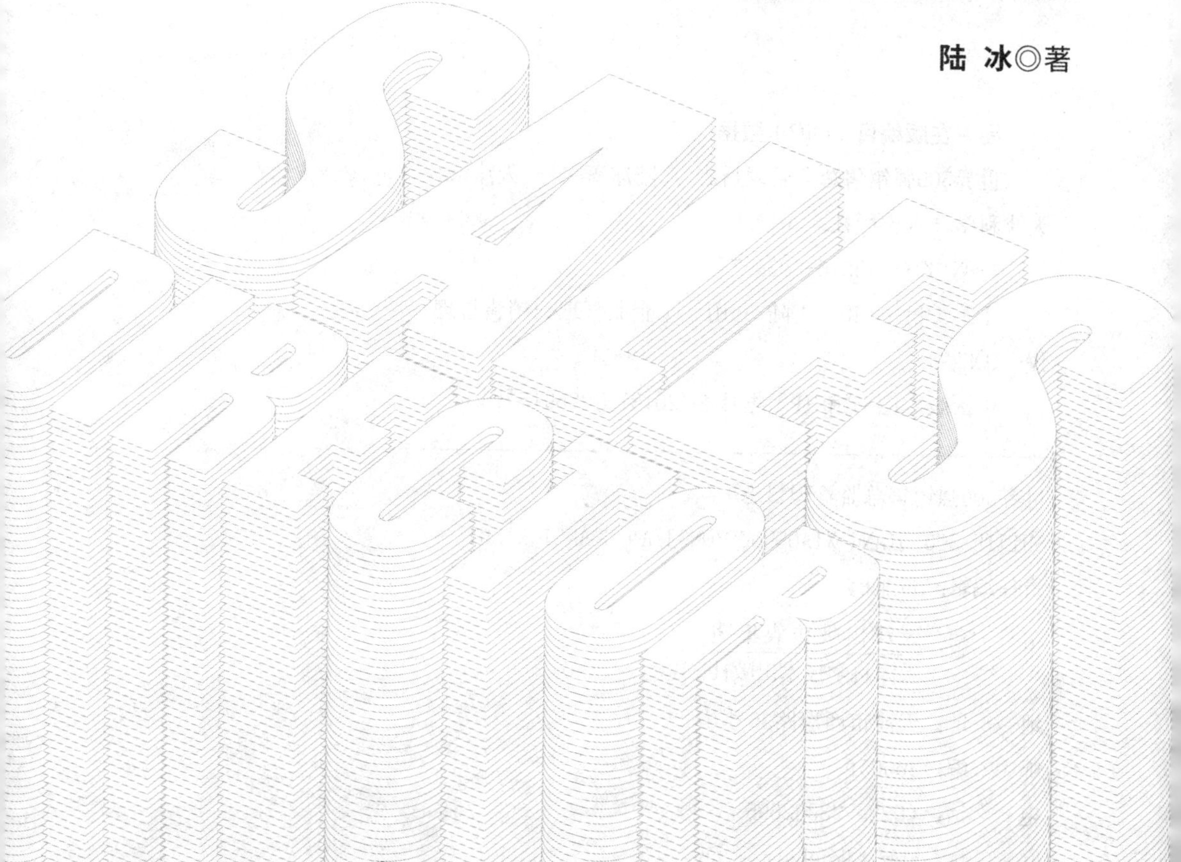

天津出版传媒集团
天津科学技术出版社

图书在版编目（CIP）数据

世界500强销售总监管理日志 / 陆冰著. -- 天津 : 天津科学技术出版社，2019.5

ISBN 978-7-5576-5839-7

Ⅰ. ①世… Ⅱ. ①陆… Ⅲ. ①企业管理—销售管理 Ⅳ. ①F274

中国版本图书馆CIP数据核字(2018)第285915号

世界500强销售总监管理日志

SHIJIE 500 QIANG XIAOSHOU ZONGJIAN GUANLI RIZHI

责任编辑：布亚楠

出　　版：天津出版传媒集团
天津科学技术出版社

地　　址：天津市西康路35号

邮　　编：300051

电　　话：（022）23332695

网　　址：www.tjkjcbs.com.cn

发　　行：新华书店经销

印　　刷：大厂回族自治县彩虹印刷有限公司

开本 710×1000　1/16　印张 14.5　字数 125 000

2019年5月第1版第1次印刷

定价：45.00元

序

从销售员到销售总监，需要一个蜕变的过程

销售员心目中的偶像，往往是乔·吉拉德、原一平那样的金牌销售员。他们凭借卓越的销售艺术与出色的人格魅力赢得客户，创造了令人瞠目结舌的辉煌业绩。但我想说的是，这种凭借个人能力取胜的行业精英，今后会越来越少。现代营销是团队作业，优秀的销售员不会始终停留在独立作战的阶段，必然要逐步进化成指挥销售团队的领头雁——销售总监。

销售总监与销售员都是做销售工作的，但两者存在本质的区别。销售员的主要工作是见客户、跑业务、卖产品；销售总监还要在此基础上制订公司的销售战略规划，创建销售渠道，策划促销活动，组建和管理销售团队。

一名优秀的销售员，未必能成为一名优秀的销售总监。前者需要一个蜕变的过程，才能成为后者。

首先，销售总监在思想上要树立管理者意识。

销售员是兵，仅仅是具体销售任务的执行者；销售总监是将，是销售团队的管理者。销售员只需要做好自己的分内之事即可。销售总监不仅要做好自己，还要让部下与自己共同成长，因此应该通过抓管理来促销售，而不能再跟以前一样凡事亲力亲为、单打独斗。

其次，销售总监的综合素质结构需要进一步优化。

一个人光有出众的个人销售能力，还不足以成为合格的销售总监。协调各

方的沟通能力、洞察先机的战略眼光、把握全局的操盘能力、知人善任的领导能力，这些都是销售总监综合素质的一部分。销售总监并不需要样样都比别人强，但必须兼通销售与管理。销售总监如果不懂销售业务，就会成为瞎指挥的莽夫；如果不懂管理技能，则必将让销售团队运作不灵。

最后，销售总监要有担负公司未来命运的勇气。

销售员身在一线，远离高层，做事更多着眼于个人的成败得失，假如做得不顺，大不了换一家公司继续做。销售总监在理论上也可以自由选择留下或者离职，但他们已经与公司的命运紧密相连，他们的每一个决策都可能对公司的所有人造成正面或负面的影响。销售总监在公司处于不利局面时，有责任在逆境中力挽狂澜，为全体员工的饭碗着想，而不应轻易逃避使命。

由此可见，销售员想要晋升为销售总监，必须学习很多新的知识和技能。唯有如此，他才能真正适应自己的新角色，在新的岗位上取得辉煌的成就。这个过程如同蝶破茧而出，长出翅膀，展翅高飞。如果销售员经受不了这番转型的阵痛，就无法胜任销售总监的工作。

本书共分为十二章，内容以销售总监应具备的个人素质为始，以打造优秀销售团队为终，中间穿插了与销售总监工作相关的方方面面，旨在帮助那些刚走上管理岗位的优秀销售员完成这种角色的转变。相信本书对大家的职业生涯发展会有一定的帮助。

目 录

第四章 销售渠道建设，关键是找对合作伙伴

第五章 开发客户资源，"用心销售"最重要

第六章 了解客户行为心理学，销售才能抓准重点

第七章 把各方面都协调好的总监沟通术

第一章
想要做好销售总监，这些素质不可或缺

想要成为一名合格的销售总监，仅仅埋头努力干活是远远不够的，还应当具备良好的综合素质。综合素质是衡量每个人能力大小的主要标准。如果综合素质的整体结构不够完善，销售总监的事业就很难取得进展，恐怕连职位都保不住。不同的工作岗位对人们的综合素质有着不同的要求。销售总监所需的素质，跟销售员、设计师、工程师、客服人员等存在很大差异。我们应当明确销售总监的角色定位，找出自身存在的短板，有针对性地优化自己的综合素质结构。

销售总监的角色定位

销售是公司运作的命脉。销售环节出了问题，即使其他环节做得再完美，公司也无法健康发展。因此，能否任命一位优秀的销售总监，关系到公司的未来命运，关系到全体员工能否过上好日子。大多数销售总监是由一线的顶尖销售员逐步晋升而来的。与专注于跑业务、卖产品的销售员相比，销售总监既是公司销售的最高代表，又是重要的高级管理人员。销售总监与销售员的角色定位有很大差异，遗憾的是，很多销售总监并没真正意识到这一点。

1. 销售总监的职权

销售总监既有娴熟的销售技巧，掌握着公司几乎所有的客户资源，又是销售渠道建设的主要负责人，堪称公司销售环节的掌门人。销售总监的权力有以下三种。

（1）参与权

参与权指的是销售总监有权参与公司重大战略决策的制定工作以及高层人事变动的讨论会议。

（2）建议权

建议权指的是销售总监有权提出营销战略、营销活动、产品研发或改良、公司品牌文化建设等方面的建议。

（3）决策权

决策权指的是销售总监有招聘、考核、任命、奖惩销售部门员工的人事管理权以及对外部经销商的奖惩权。

由于各公司的内部情况差异较大，因此，销售总监的实际权力在不同公司也存在较大区别。有些公司的销售总监只是换了职位名称的资深销售员。世界500强公司的销售总监是名副其实的实权派，实际职权比上述三大权力更多、更复杂。

2. 销售总监的主要工作

（1）协助总经理

◎协助总经理制定公司发展战略。

◎参与制订公司市场战略规划与市场总体工作计划。

◎参与制订公司年度经营计划和预算方案。

◎参与公司的重大财务、人事、业务问题的决策。

◎掌握和了解公司内外部动态，及时向总经理反映情况并提出合理化建议。

（2）制订战略

◎制订销售部的年度工作计划，并组织部门团队落实计划。

◎规划本部门各阶段的任务和指标，并组织部门团队执行。

◎监督本部门员工的工作进展，定期向市场部反馈营销战略规划的执行情况。

（3）销售

◎完成公司的销售目标，确保完成货款回收任务。

◎铺设公司销售渠道，选择和管理区域经销商，组建办事处。

◎制订各经销商或办事处的销售目标和销售计划，并监督执行情况。

◎参与制定公司销售政策，并组织销售部落实。

（4）沟通协调

◎监督和推动销售合同的履行状况。

◎统计销售数据，按时向公司相关部门汇报。

◎定期与经销商或重要客户进行沟通，与他们保持良好的合作关系。

◎参与处理产品质量、运输事故、客户投诉等问题。

（5）调研和建议

◎调查各地区市场的动态，提出新产品的市场开拓建议。

◎参与制订新产品的市场推广计划，并组织部门团队完成新产品销售任务。

（6）行政管理

◎制定本部门的规章制度，并监督全体员工认真落实。

◎制定本部门员工的薪资、奖金、提成标准。

◎对员工进行业务培训。

由此可见，销售总监的工作内容更多集中在战略层面，本质上是管理者，而不再是单纯的销售员。不少得到公司提拔的优秀销售员，由于未能适应这种角色转变，因此事业受挫，昔日光环尽失。所以，刚走上销售总监岗位的人，应该重新认清自己的角色，尽快适应新岗位，挑起公司销售部门管理的大梁。

培养自己的“专家范”

客户对产品的了解不如我们多，害怕做出错误的购买决定，所以他们希望有一位能力出众、服务贴心的专家来帮自己拿主意。这位专家可以是业内人士，也可以是某位堪称购物达人的消费者。当客户得知我们是销售总监时，就会把这份期待投射到我们身上。假如我们没有表现出他们想象中的专家应该有的水平，生意就很难谈成。

为此，销售总监必须认真培养自己的“专家范”。那么，怎样才能做到这一点呢？

1.“专家范”源于职业素养

“专家范”是一种难以准确描述的气场，是客户的主观感受。这种气场会让客户不由自主地产生信赖感与依赖感，增加他们的购物信心。“专家范”其实就是职业素养的体现。通常而言，客户会从以下角度判断我们是否具备良好的职业素养。

（1）外表打扮是否具有职业气质

相对而言，穿统一制服或西装的人比衣着随意的人更能给客户留下“专业人士”的印象。因为后者在客户眼中属于“休闲状态”，根本没有进入认真严肃的“工作状态”。于是，客户对这类工作人员的信任度会比较低。

（2）谈吐是否训练有素

销售员通常都进行过一定的话术训练。话术训练包括各行各业通用的礼貌用语，如“您好”“欢迎光临”“请问”“谢谢”“抱歉”“请稍候”“没关系”“欢迎下次光临”“再见”等。网络渠道的销售员还要掌握“淘宝体”之类的网购特色用语。专业而热情的说话方式，体现了一个人的思维水平与业务知识熟练程度。如果客户在交谈中感到沟通不顺畅，就会觉得我们能力不足。

（3）产品展示是否明白易懂

客户通过询问销售员来了解产品情况，判断有无购买价值。假如我们不能完整回答客户的问题，或者滥用外行听不懂的专业术语，客户就会觉得我们缺乏谈判的诚意。所以，我们在展示产品时，一定要深入浅出、形象生动、通俗易懂，不能给客户造成一丝的理解障碍。

2. 阻碍我们成为专家的四个短板

假如我们存在以下四个短板，是做不好销售总监的。不，准确地说，我们什么工作都做不好。

（1）养成坏习惯

习惯是我们不断重复的行为。它看似平凡无奇，实则力量非常强大，我们常常被它左右。我们很难意识到它正在阻碍我们的行动，让我们误入歧途。当这些行为重复的次数越多，习惯就会越牢固。假如我们养成的是好习惯，事业会不断进步。若是不幸养成了坏习惯，我们难免积小错成大错。改变习惯是件困难的事情，不过，用好习惯代替坏习惯并非不可能完成的事情。我们应该坚持改变坏习惯。

（2）自以为是

优秀的销售员充满了争当第一名的好胜欲，无论受到什么挫折，都不改初衷。但是，这种贯彻目标的强烈自信稍不留神就会变成自以为是。由于成功次数太多，赞誉听得太多，有些人开始变得自负，目中无人。自以为是的态度会让我们在事前低估风险，又在事后把失败的责任推卸给他人，而不是勇于承认自己的错误。销售总监不可变成这样的人。

（3）知识储备不足

不知道该如何做，是销售新手的主要问题。他们还没有学习过完整的销售流程，对产品知识了解不够，也缺乏足够的经验去应对客户。这些都是知识储备方面的短板。美国著名销售培训师有句名言："早上我看报纸，发现很多销售员都去世了，但我没有看到一位销售员出生了。"言下之意就是，销售员并不是天生的，只有通过学习才能成为销售员。知识储备不足会让我们一叶障目，看不到潜在机会，也缺乏把握机会的专业能力。

（4）懒惰

此处的懒惰并不是指以"葛优瘫"的姿势躺着不干活，而是思想上懒得努力。思想懒惰之人总想在工作中走捷径，不去认真做准备。当被客户拒绝时，他们也懒得去找原因，要么轻而易举地放弃，要么跟客户对着干。懒惰之人觉得反正怎么做都不会成功，于是放任自己懈怠下去。这样根本无法培养出职业素养出众的"专家范"。

良好的职场礼仪素养

根据美国纽约销售联谊会的统计，71%的客户是因喜欢、信任、尊重某位推销员而决定购买他推销的产品的。美国另一家营销机构的调查表明，80%的客户对推销员的不良形象抱有反感态度。由此可见，销售总监的个人形象非常重要。一旦我们的个人形象赢得了客户的好感，销售工作就能顺风顺水。塑造个人形象的根本在于保持良好的职场礼仪素养。

1. 职场礼仪素养

《成功》杂志的创办人，美国销售专家奥里森·马登博士指出："在推销中，懂得形象包装，给人留下良好第一印象的推销员，将是永远的赢家。一名推销人员与客户首次接触时交流时间不会很长，要在有限的时间内使客户对自己和自己所推销的产品有所了解并非易事。研究表明，首次印象一经形成，不但会持续较长一段时间，而且不会轻易改变。所以，推销员应十分重视自己给予他人的第一印象。"

想要给客户留下良好的第一印象，自身的礼仪素养必须经得起考验。

衣着、仪表反映了一个人的喜好、修养和气质。谈吐和动作也会影响我们给客户留下的第一印象。

销售总监在接待客户时应该彬彬有礼、热情积极、沉着冷静、不卑不亢，这样才能充分展示自己的职场礼仪素养，塑造良好的个人形象。既让客户感受到专业人士的敬业心与自信、自尊，又不给客户一种咄咄逼人的压迫感。

2. 关于仪容仪表的九个经验

◎外表决定了别人对我们的第一印象。

◎外表会显现出我们的个性。

◎整理外表的目的就是让对方一眼看出我们是哪一种类型的人。

◎对方常依据外表决定是否与我们交往。

◎外表就是我们的魅力表征。

◎保持正确的站姿、走姿、坐姿，不论何种姿势，都要挺直腰板。

◎走路时脚尖要伸直，而不可往上翘。

◎小腹往后收，这样看起来比较有精神。

◎好好地整理我们的外表，会使我们的优点更突出。

3. 整理服饰的七个要领

◎借鉴与自己年龄相仿的稳健型人物的服装风格。

◎着装必须与季节、场合、身材、肤色等因素相匹配，以自然大方为佳。

◎不要穿得太显年轻，否则客户容易怀疑我们不够老练。

◎最好不要在销售过程中穿流行服饰，假如非要赶时髦，也要选择简洁大方的款式。

◎让我们的身材与服装的质料、色泽保持均衡状态。

◎选择衣服要合体，衣服太松太紧都会给人留下不好的印象。

◎不要让服装遮掩了我们的优秀素养。

4. 检查自己有哪些坏习惯

我们要诚实地面对问题，检查自己身上有哪些坏习惯。假如你存在以下情况，说明我们的职业礼仪素养有待提高。

◎听到客户的问题后，立即试图动手解决，而不是先思考问题产生的原因。

◎向客户提供过多的信息，让他们不知道如何是好。

◎向客户推销那些对他们用处不大的产品。

◎在调查或者收尾阶段，说话太多导致商业机密泄露。

◎考虑问题时没有想到所有的决策者。

◎把产品描述得过于完美，以至于令人生疑。

◎夸大产品的优点，哪怕只有一次而已。

◎仅仅向客户陈述产品的使用方法，而不是与客户分享使用产品的感受。

◎不提前准备，把希望寄托于即兴发挥。

◎指出客户现在的选择以及他的合作伙伴或行为方式都是错误的，仿佛只有我们的意见完全正确。

◎没有把倾听和理解客户的感情动机放在第一位（这是最致命的错误）。

通过对照上述细节，销售总监可以清楚地看到自己哪里做得好，哪里还有欠缺。不断改正缺点，完善综合素质，这样才能塑造良好的个人形象，成为客户和员工眼中的优秀人士。

第二章

营销战略规划，以客户需求分析为本

销售员是从战术的角度来做营销，所有的行动都服务于公司的营销战略。制定营销战略，恰恰是销售总监的主要使命。销售总监应该对自己负责的市场区域做到心中有数，脑子里要装着公司的战略大局，让销售团队知道该朝什么方向努力，每一项具体工作该如何开展。否则，公司上下的销售工作就会变成一团乱麻。需要注意的是，公司的营销战略不是从经济学模型中推演出来的，而是从市场实际情况中产生的，因此，我们在制订战略规划时一定要立足市场，搞清楚客户的类型及其真实需求。

搜集市场信息不能只依赖大数据

大数据技术的出现，为很多传统产业注入了新的活力。在大数据技术的帮助下，销售总监可以从浩如烟海的信息里快速获得有用的信息，并生成可视化的数据分析报告。这对公司的运营和决策有重要意义。

总体而言，大数据分析的价值主要包括以下几点。

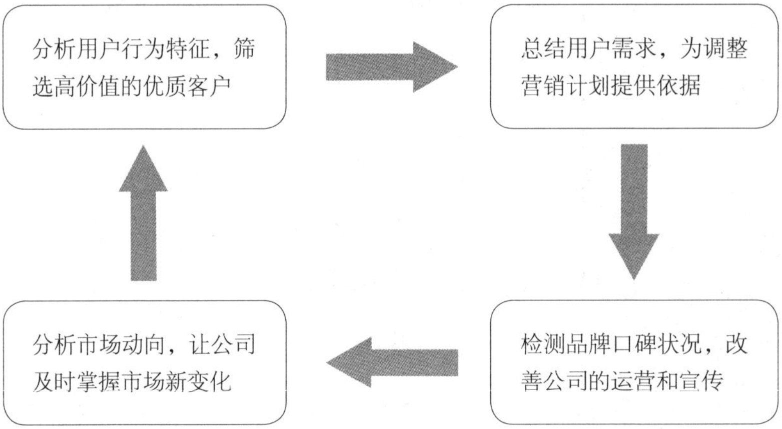

不过话说回来，大数据技术虽然有用，但我们也不能盲目迷信。有很多客户信息和市场数据并不会被大数据的算法检索到。所以，我们既要充分利用大数据技术，又不能忽视传统的信息搜集方法。

1. 获得市场信息的主要途径

能否获得准确的市场信息，首先取决于查找信息的方法是否合理。获得市场信息的方法有很多，主要分为以下类型。

（1）面谈

◎一对一深度访谈。

◎座谈会式访谈。

◎街头定点调查。

◎拜访面谈。

◎邀约面谈。

（2）远程询问

◎网页调查问卷。

◎电子邮件问卷。

◎电话询问。

（3）上网查询

◎政府机关网站。

◎专业学术网站。

◎专业论坛。

◎在线图书馆。

◎网购书籍资料。

（4）实地考察

◎观察消费者行动。

◎跟踪事件线索。

◎走访档案馆或图书馆。

上述方法的执行成本不同，调查效果也各异。每种方法都有自己的优缺点，比如：面谈的调查对象较少，但能得到被忽略的生动细节；上网查询的成本最低，但代替不了实地考察；实地考察能获得深刻的认识，但成本较高。销售总监还要注意一点：要带着问题去找信息，而不是漫无目的地搬运资料。我们应先确立市场调研课题，再运用多种办法调查数据，看看自己的假设是否正确。

2. 多找“一手信息”，“二手情报”不可轻信

如今，很多人是通过营销号推送的文章来了解情况的。但是，营销号发的并非“一手信息”，而是经过自己加工的“二手情报”。无论发布消息的主体多么权威，“二手情报”都不能跟“一手信息”画等号。

那么，什么是“一手信息”，什么又是“二手情报”呢？比如，客户对我们说的话是“一手信息”，但我们整理出来的聊天记录属于“二手情报”。

“二手情报”更多是“意见”，并不等同于“事实”。“一手信息”包含了“事实”，但也可能包含了“意见”。

“意见”指的是人们的主观看法。当我们听到“我认为是……”和“我估计可能会……”等句式时，我们听到的都是带有主观性的“意见”。这个“意见”是否符合“事实”，必须经过验证才能确认。

“事实”指的是事物的客观情况。“万里长城是中国古代建筑”和“西红柿不属于绿叶蔬菜”都属于事实。此类信息一般是可以直接采信的。

无论是“一手信息”还是“二手情报”，都是由“意见”和“事实”组成的。人们常见的误区是把“意见”当成了“事实”。这个错误跟把“二手情报”等同于“一手信息”有关。为了确认“一手信息”的可靠

性，我们应该高度重视原文资料和现场勘察，以免忽略重要的内容。

3.“知道过多”也不是好事

信息搜集过头同样是个麻烦。人们在搜集信息的过程中，必然要付出一定的时间和精力。当信息不足以解释事实时，我们搜集的信息越多，对事实的了解就越充分。一旦信息数量超过必要的程度后，就算我们获得再多的新信息，也改变不了原先的结论。所以，继续搜集信息，只是在浪费时间。

信息搜集过头的另一个弊端是，可能导致人们的思维变得僵化。当我们刚接触新领域时，我们的好奇心较强，学习热情较高。如果一个人对某个领域的一切都了如指掌，就会形成思维定式，很难产生新创意。他们“知道过多”，不知道怎样突破庞大的现有知识体系去开辟新领域，被大量的“常识”束缚了头脑。

基于这种现象，许多一流的企业家都会高薪聘请第三方咨询专家，以求引入新思维，重新激发公司组织的活力。

定量分析、情境分析、3C分析，一个都不能少

要想取得事业成功，就必须找准市场，必须客户至上。在搜集了大量客户信息与行业动态后，我们要做的就是分析情报。信息数据就像一块有待雕琢的璞玉一样，只有经过解读才具备真正的价值。销售总监可以借助定量分析、情境分析和3C分析来解读情报。

1. 定量分析

定量分析占了分析总数的一半以上，比例高于定性分析。这是因为我们只有经过定量分析才能获得具体而可靠的解决方案。

定量分析工具多种多样，但实际上都源于以下三个基本点。

（1）比较

分析的本质就是比较。这是最常见的定量分析方式。比如，我们在购买商品时会对其大小、重量、价格、强度、数量等数值进行比较。只要能转换成同单位的数据，我们就可以形成明白如画的对比分析结果，让人们信服我们的观点。

（2）构成

构成就是将事物的整体和局部进行比较。市场占有率、成本比率、客户转化率等概念就属于以对比构成为核心的定量分析工具。这种定量分析只有拿局部来跟整体做比较时才有意义，它可以帮我们揭示事物的内在结构。

（3）变化

变化是指同一事物在时间轴各个位置上呈现出的不同特点。销售额的变动、孩子身高的增长、外币汇率变动、物价涨跌都属于变化。针对变化进行定量分析，我们可以清楚地看到同一事物在不同阶段的变化。

2. 情境分析

“情境”指的是描写一个环境的故事，该环境中存在有待解决的问题。换句话说，“情境”就是想象环境的未来蓝图，它能表现出各种关系、在未来会发生什么变化，让我们更好地应对无法掌控的风险因素。

通常来说，情境分析是由三至四个表现风险因素的脚本构成的。每套脚本的性质最好有差异，但内容不能脱离现实依据。麦肯锡的情境分析包括传统的环境预测分析与多脚本的情境分析两大类型，两者的主要区别如下。

（1）环境预测分析

◎未来可预测。

◎预测未来是有益的。

◎预测是专家的工作。

◎决策者单纯地接受预测的结果。

◎以每项变数单独变化的敏感度分析为主流。

（2）多脚本的情境分析

◎未来不可预测。

◎预测未来只是白费力气。

◎重视构建脚本的过程。

◎作为认识状况的工具。

◎对所有脚本同样重视。

◎考虑相关性后，改变各项变数。

情境分析的优点是以故事的形式模拟环境可能发生的各种变化。通过考虑多个风险因素之间的关联性，把不确定性代入问题解决流程中。需要指出的是，情境分析法不能百分之百地准确预测未来，我们只能参考而不能过分依赖。但它可以帮我们提高处置不确定因素的反应速度。

3.“3C”分析

我们在构建市场战略规划时，可以使用“3C”分析模型。“3C”是三个分析主题的英文首字母，它们分别是自家公司分析（Company）、竞争对手分析（Competitor）、客户和市场分析（Customer）。这种分析模型可以让我们知己知彼，全面评估自己当前的实力。“3C”各自的主要分析项目如下。

（1）自家公司分析

◎市场占有率。

◎技术研发能力。

◎市场营销能力。

◎成本竞争力。

◎品牌影响力。

（2）竞争对手分析

◎市场占有率。

◎强项。

◎弱项。

◎发展战略。

（3）客户和市场分析

◎规模／成长率。

◎市场屏障。

◎需求／属性。

◎结构／变化。

“3C”分析把自家公司情况、竞争对手公司情况、客户和市场情况综合起来考虑，我们通过对比可以清楚地观察到各方势力在市场中的消长。为了保证分析的准确性，我们既要搜集宏观信息，也要重视微观信息。市场的整体变化与具体的客户群体需求变化，都是至关重要的分析项目。

在解决问题的前半段过程中，麦肯锡专家会先把“3C”视为个别项目来分析，设置相应的课题。到后半段时，再设计一个整合三个项目的一体化解决方案。先分解为三个分析角度，最后将其合而为一，就是“3C”分析的指导思想。

利用环境脚本法来评估市场风险

无论多么完美的营销战略，都无法根除市场风险，只不过是风险有大有小而已。高回报往往伴随着高风险，如果能妥善应对风险，就有望获得较大的收获。但很多公司高层对市场风险的认识很粗浅，也没有针对不同的风险准备应对预案。销售总监应该对市场风险进行系统分析。我们可以借助麦肯锡的环境脚本法来制作风险矩阵，形成一整套的对策。

1. 风险矩阵分析

麦肯锡公司的顾问在接受管理咨询时，会邀请客户共同分析环境风险。对很多人来说，列举风险因素并不复杂，但分析风险的影响程度就不那么擅长了。有些人看到营销计划居然有这么多风险因素，就想马上放弃。这样畏首畏尾，成不了大事。

风险分析的本意，是帮助我们准确认识不同风险因素的影响范围，锁定其中影响较大的重要因素，让我们弄清楚应该将工作的重心放在什么地方。

因此，麦肯锡专家总是鼓励大家把风险告知对方，以风险矩阵的形式来描述风险。风险矩阵的基本框架如下。

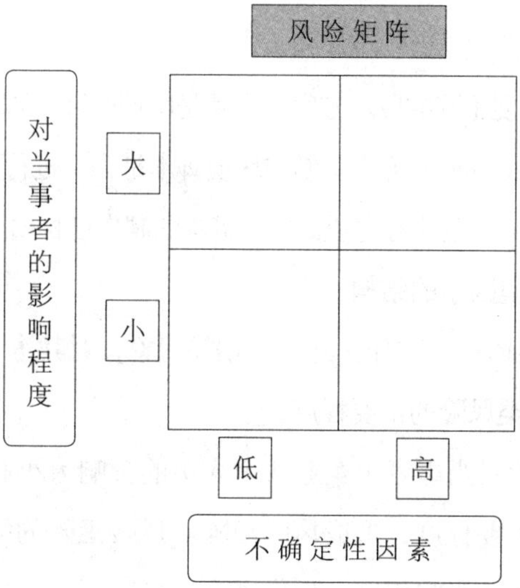

风险矩阵的纵轴表示风险因素对当事者（个人或企业）的影响程度，影响大的因素放在上方，影响小的因素放在下方。我们把列举出来的风险因素按照不同的影响程度填入矩阵之中。我们把当事者的目标当成需要研究的项目，当事者如果是企业，可以参考损益表和现金流量表等统计信息来评估风险。

横轴表示风险的不确定因素，不确定性高的因素放在右侧，不确定性低的因素放在左侧。不确定性越高的因素越难预测，但不要把不确定性用“发生概率”来表示。无论阻碍因素发生概率是高是低，只要我们事先了解，就能预判出来。风险矩阵里的风险因素主要是指那些无法判读的阻碍因素。

制作风险矩阵的关键是尽可能地列举各种风险，不要遗漏任何重大因素，然后找出各种风险之间的关联，缩小重点关注的风险范围。接下来，我们就剔除超出风险容许范围的行动，只保留那些风险容许范围内的行动。需要指出的是，如果最坏情况的发生概率低得微乎其微，我们就可以把它纳入可忍受的风险选项中。

2. 制作环境脚本

不同的风险需要不同的应对方案，也就是所谓的环境脚本。环境脚本是根据相关风险环境模拟的应对方案。制作环境脚本是为了进行风险分析，帮助我们找出不同市场环境下的生存之道。环境脚本的制作过程由三个步骤组成。

（1）掌握环境因素的结构

把环境中的风险因素看作一连串的相关现象，对其进行结构化处理。

（2）掌握各类风险的重要程度

根据风险因素对当事者（企业或个人）的影响大小和不确定性高低，判断各类风险的重要程度，形成风险矩阵。风险矩阵的纵轴代表风险一旦发生对当事者造成的影响程度，程度越高则影响越大；横轴则代表风险因素的不确定性，不确定性越高说明风险因素越难以被预判。下一步可以在矩阵内填入所有我们认为存在的风险因素，尽量不要有遗漏。

（3）制作环境脚本

将影响较大且不确定的风险因素设为主轴，然后拟定不同性质的脚本。

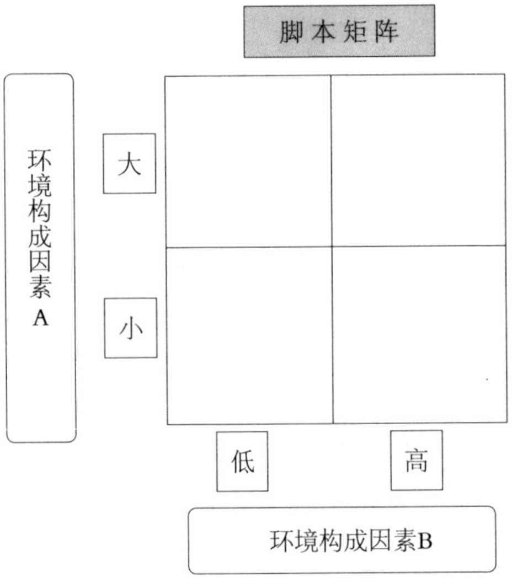

通过分析环境脚本和风险矩阵，我们可以对环境中存在的各种风险有一个比较清晰的了解，缩小风险因素的范围，锁定几个重要的风险因素。需要注意的是，天灾或事故属于危机管理的范畴，不属于作为脚本驱动程序的风险因素，所以不可列入脚本当中。

销售总监在使用环境脚本法的时候，应该明确一件事——世界上没有能完美计算出各种状况发生概率的方程式。我们只能根据统计分析来确定风险发生的概率。风险评估不需要拘泥于微妙的数字差异，没必要精确衡量风险到底是33%还是35%。只有风险发生概率在35%～60%之间浮动时，才有必要去仔细讨论。我们只需记住，所有环境脚本发生概率之和必须是100%。

分析公司内外部资源，找准发展道路

销售总监在规划营销战略时，必须立足于企业的内外部资源，而不能天马行空地自由发挥。我们可以借助以下四个分析工具来完成对公司家底的盘点，找出最适合公司的发展道路。

1. 商业系统模型

想要制定合理的解决策略，销售总监就不能不认真了解企业的商业流程和获利模式。麦肯锡的商业系统模型是一个简明有效的分析工具。商业系统也称价值链，指的是企业在商业流程中应用的框架。该模型对开展事业所必需的要素进行了分类，梳理出简明的流程。通过对比流程中的每个要素，销售总监就能找出公司运营不善的原因。不同类型的公司有着不同的商业流程，以下是四种常见的商业系统架构。

（1）制造商的价值链

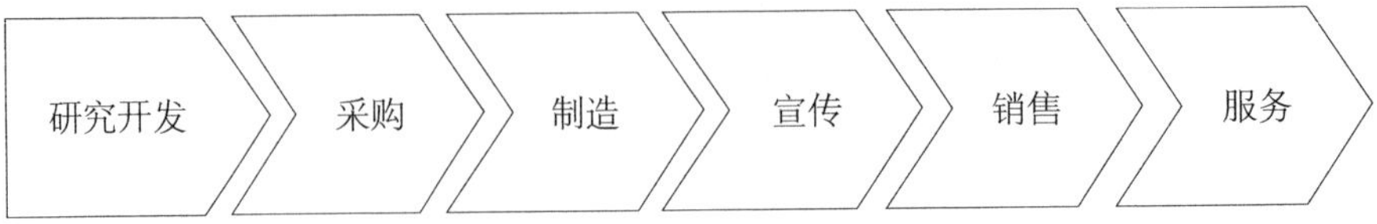

（2）餐饮店的价值链

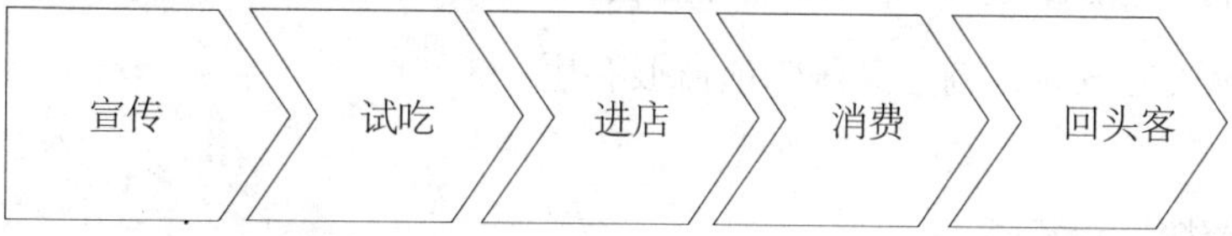

（3）广告商的价值链

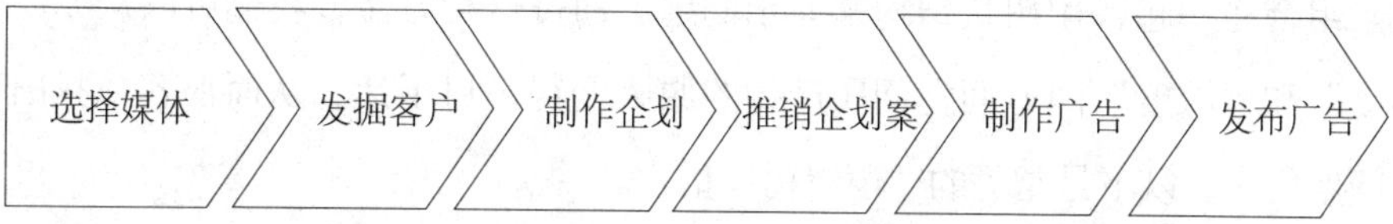

（4）投资机构的价值链

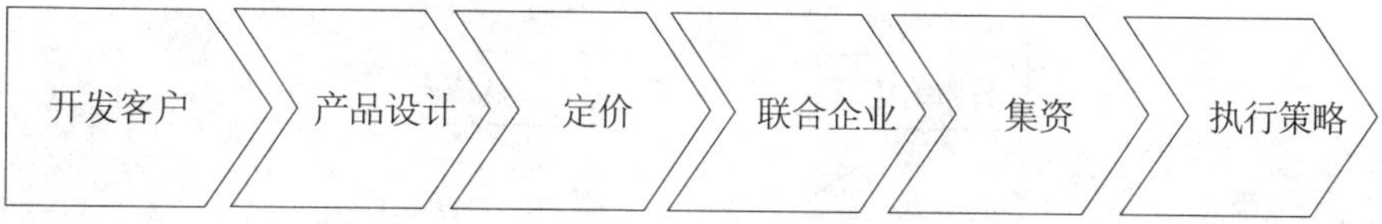

商业系统模型以价值链分析为核心，应用非常广泛。无论价值链是什么形式的，这种分析工具的思考模式都包括以下四个步骤。

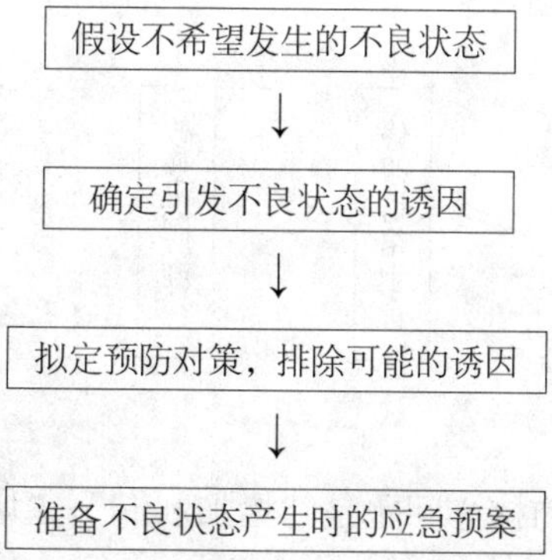

当我们思考关于外部资源的问题时，我们可以把商业系统模型当成一个辅助选择的示意图，思考其中哪些外部资源可以继续保留，哪些应该放弃。在制订解决方案时，商业系统的项目很有用。

2. “逻辑树”分析法

“逻辑树”分析法就是一种结构化的思维工具。它把各种各样的要素组合在一起，用树状结构来展示问题。通过这种方法，我们可以从“广度”和“深度”两方面把问题产生的原因变得一目了然，从而很容易找出问题所在。以下是常见的“逻辑树”格式。

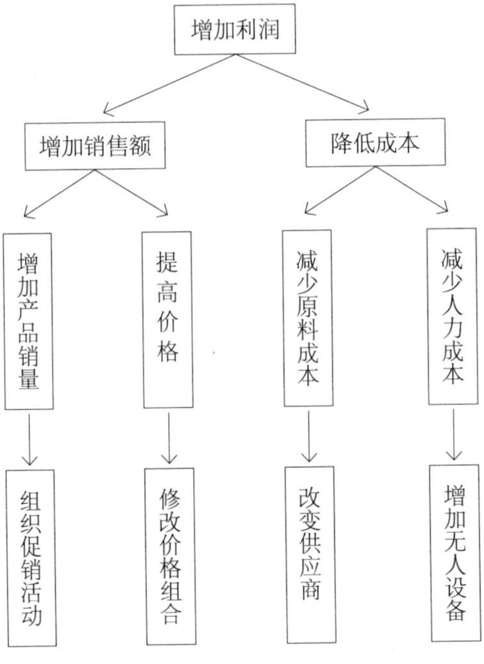

这个“逻辑树”的核心问题是“增加利润”。“增加销售额”和“降低成本”是实现该目标的两个主要思路。其中，“增加销售额”又可以通过

“增加产品销售量”或“提高价格”两种方法落实。而“降低成本”可以采取“减少原料成本”或“减少人力成本”的对策。顺着这四个线索，我们可以找到“组织促销活动”“修改价格组合”“改变供应商”和“增加无人设备”四个对策。

以上是“逻辑树”分析法的基本步骤。销售总监要牢记，最核心的问题永远排在“逻辑树”的最前面。

3.“AIDMA”模型

站在目标客户的角度考虑对策，往往效果更加显著。“AIDMA”模型从消费者在购物过程中的决策心理入手，分析对他们有吸引力的事物，从而激发他们的购买欲望。“AIDMA”模型涵盖了消费者从获悉商品信息到最终消费的整个流程，主要分为以下五个环节：

◎Attention（注意）：尽量引起目标客户的注意，向他们传递产品和服务信息。

◎Interest（关心）：当目标客户了解了商家提供的信息之后，开始关心产品和服务的情况。

◎Desire（欲望）：尽量让目标客户产生马上使用产品和服务的欲望。

◎Memory / Motivate（记忆 / 动机）：让目标客户对产品和服务产生深刻的记忆，进而产生购买动机。

◎Action（行动）：目标客户做出购买产品和服务的实际行动。

这五个环节的英文首字母组合在一起，就是“AIDMA”模型的名字。随着电子商务的蓬勃发展，麦肯锡又推出了网络版的“AIDMA”模型，即“AISAS”模型。“AISAS”模型的原理跟“AIDMA”模型大同小异，主要区别在于流程。

“AISAS”模型的流程：注意（Attention）→关心（Interest）→网上搜索（Search）→行动（Action）→分享信息（Share）。

通过这两个工具，销售总监可以观察目标客户在购物时的整个决策过程，找到最关键的影响因素。

4. 公司软硬件分析法

想要了解一个组织的发展现状，可以从以下几个方面着手。

（1）战略

◎公司的市场定位是什么（是否具有差异性）？

◎公司当前的战略重心是什么（公司不该做什么事）？

◎公司的支出情况如何（是否遵循优先顺序）？

◎公司的绩效情况如何（跟竞争对手比有无优势）？

（2）营销

◎公司的市场定位是否符合客户需要且具有独特性？

◎公司怎么对产品进行定价？

◎公司该怎样有效宣传自家的产品？

◎公司如何分配媒体预算？

（3）运营

◎公司的商业模式是怎样实现的？

◎公司怎样降低制造成本？

◎公司怎样提高产能？

◎公司怎样增加产品种类？

（4）人力资源

◎公司给予员工的待遇如何？

◎公司的各个岗位是否有合适的人选？

◎公司怎样提高员工的满意度?

◎公司怎样确保所有的规章制度被严格遵守?

（5）财务

◎公司当前的财务状况如何?

◎公司怎样获得用于扩张规模的资金?

◎公司的业绩是否足以维持发展?

这些都是跟企业发展关系十分密切的软硬件问题，应该被认真清点。销售总监不仅可以用它们来考察竞争对手的情况，也可以用它们来检查自己的营销战略规划是否与本公司的软硬件相匹配。

营销战略规划的落脚点是财务管理

制定合理可行的营销战略，是销售总监最重要的职能之一。公司各部门的运作，无不是围绕营销战略展开的。产品的设计与生产、铺设渠道、走访客户、商务谈判、物流配送、售后服务，等等，都是营销战略中的一个环节。营销战略规划不是坐而论道，而是需要综合考虑各种变量，最终还得落实在财务管理上。

1. 制定营销战略必须考虑的变量

在制定营销战略的过程中，销售总监必须同时考虑可控变量与不可控变量。可控变量指的是公司能够直接控制的因素，不可控变量指的是公司无法控制而只能被动适应的因素。其中，营销战略的可控变量主要包括四个因素。

（1）商店选址

公司可以选择有店铺经营或无店铺经营，如果选择有店铺经营，可以根据自建、购买和租用店铺的要求来选择合适的地理位置。位于优质商圈的企业如鱼得水。

（2）业务管理

包括组织管理、人力资源管理、运营管理、财务管理等内容。

（3）商品管理与价格调整

公司可以决定自己商品的种类及数量，并在不违反法律法规的前提下调整商品价格。

（4）客户服务

公司可以自主决定客户服务方式，通过营造购物气氛、制作宣传广告、塑造品牌形象以及其他服务来吸引客户。

可控变量是公司通过努力可以做好的，但不可控变量除了自身努力之外，还跟大环境、形势、运气、机遇有关。营销战略的不可控变量主要包括六个因素：

（1）消费者

客户的消费偏好与购物决策都由客户自己决定，公司只能适应和引导。

（2）市场竞争

公司无法垄断所有的细分市场，必然会遇到各种各样的竞争对手。

（3）技术变革

技术变革会改变人们的生产生活方式，因此适应原有生产生活方式的零售体系必然会受到新技术的冲击。

（4）经济环境

公司可以影响国民经济，但无法左右整个宏观经济环境。大型跨国集团虽然对全球经济有不小的影响，但还做不到一手遮天。

（5）季节性约束

某些行业存在淡季和旺季之分，季节变化会对公司的商品或服务组合产生较大的影响。

（6）法律约束

公司必须遵守所在国家及地区的法律法规。假如当地法律法规不允许公司出售某些商品或使用某则广告，公司就只能自己进行整改。

2. 公司财务管理的几个重点

毫不夸张地说，财务管理是企业运营管理的核心，因为一旦资金链断裂，再大的公司也会垮台。当年盛极一时的巨人集团，就是这样轰然倒下的。为此，销售总监应该高度重视以下三个方面的管理工作。

（1）损益表（利润表）

损益表（利润表）是对公司在特定周期内的收入与支出情况做出的总结，通常按月、季度或年来编制，主要包括以下内容。

◎销售净收入——用既定时期内的收入扣除客户退货、降价及折扣后的收入。

◎商品销售成本——在既定时期内完成销售目标所支付的费用，相当于购入成本加运费，再减去所有的折扣。

◎毛利润率／边际贡献——销售净收入与商品销售成本的差额。

◎营业费用——做零售业务的经营开支。

◎税金——上缴给国家的税款。

◎税后利润率——扣除应缴税款和所有成本后的净利润。

（2）资产管理（资产负债表）

资产负债表显示了公司在特定时期所拥有的资产、负债以及净资产水平。其基本原理是资产等于负债加上净资产，主要包括以下内容。

◎资产——公司所拥有的具备货币价值的物品。流动资产由现金、银行存款及短期内可变现的资产（存货和应收账款）组成。固定资产包括不动产、建筑物、商店附属设施和收银机、运货车等设备。

◎负债——公司在经营过程中产生的债务责任。流动负债包括应付工资、应缴税金、应付账款和短期借据；长期负债包括抵押贷款、长期贷款。

◎净资产——又称所有者权益，代表企业偿还所有债务后剩下的实际价值，用资产减去负债即可得出。

◎销售净利率——用净利润除以销售净收入后得出的衡量零售企业绩效的评估指标。销售净利率高说明企业发展良好。

◎资产周转率——用销售净收入除以总资产后得出的衡量零售企业绩效的评估指标，资产周转率高说明企业运作效率高。

◎财务杠杆——用总资产除以净资产后得出的衡量零售企业绩效的评估指标。财务杠杆太低说明企业过于保守，太高说明企业负债过多。

（3）战略利润模型

通过销售净利率、资产周转率和财务杠杆，我们可以构建企业的战略利润模型。该模型所反映的绩效评估指标被称为净值回报率。

计算公式：销售净利率×资产周转率×财务杠杆=净值回报率。

根据战略利润模型，零售企业可以通过提高三者之中的任何一个指标来提高净值回报率。这个模型可以帮助我们找出新的潜在利润增长点。

3. 编制预算的流程

编制预算是财务管理中的一个重要项目，也是销售总监的核心工作之一。通过编制预算，公司可以获得以下好处。

◎提高生产率。

◎优化配置资源。

◎协调各类商品的开支。

◎提高公司的整体运营效率。

◎确定各种支出的水平。

◎有效控制预算周期中的成本。

◎分析预期开支与实际开支的差异。

◎企业的预期开支、实际开支、业绩水平，可通过预算跟行业平均水平进行对比。

编制预算的过程大致分为如下两个阶段。

（1）编制预算的预备决策阶段

◎确定由谁来编制预算。

◎明确预算的期限长短。

◎调查编制预算的频率如何。

◎调查使用了哪些支出类别。

◎预算的详细程度是否达到要求。

◎预算的灵活性是否满足需要。

（2）正式编制预算阶段

◎明确预算目标。

◎制定各种业绩标准。

◎确定计划支出。

◎查清实际支出。

◎控制预算执行结果。

◎根据实际情况调整预算。

总之，销售总监既要有高瞻远瞩的战略眼光，又要学会斤斤计较，抓好财务管理的细节。公司是为了盈利而存在的，公司上上下下都期盼销售总监创造辉煌业绩。销售总监只有准确把握市场走向，做好战略规划，才能回应这份期待。

第三章

卖产品获利一时，塑造品牌受益长久

品牌的价值在于提高客户对产品的认可度。在不断变化的市场中，某款产品只能流行一时，一旦过了当前的销售节点，可能就不再受欢迎。但是，消费者通常会继续认可该品牌，期待公司推出新款产品。品牌的影响力和生命力超过了产品本身，这笔无形资产会让销售总监的工作如鱼得水。为此，我们应该树立品牌意识，建设品牌文化，而不能只满足于卖出多少产品。如果能塑造出具有较高美誉度的品牌，产品就能不断打入新市场，让销售进入良性循环的状态。

销售总监不能只顾卖产品

假如你仅仅把销售理解为卖产品，是无法胜任销售总监这个职位的。销售总监不该像普通的销售员那样，满脑子只想着如何多卖几件产品，而应该把视野放得更宽。产品的生命力远不如品牌那般强大。以品牌建设带动销售，事半功倍。此外，我们做销售的目的不只是赚利润，同时也是在造福客户。

1. 销售是为了帮客户改善生活

销售不只是卖产品，也是在帮助客户改善生活。公司研发产品是为了满足市场需求，而市场需求的本质就是客户的物质需求和精神需求。对广大客户而言，选择什么品牌的产品是次要问题，改善生活质量才是根本目的。假如产品不足以改善生活，客户就不会对此感兴趣。

销售总监不能只把产品当产品，而应该充分了解客户消费记录中蕴含的生活追求。我们在销售过程中，一定要明确自己能给客户带来哪些便利，让他们明白，眼前的产品可以让生活变得更加舒适和快乐。否则，就算我们把产品的价格、性能、使用方法以及同类产品的优缺点展示得再清楚，客户也只会说“我不需要”。

除了少数专家型客户外，大部分客户对产品的了解都是粗浅的，对性价比的判断在很大程度上依赖销售员的解读。如果我们能解读客户最在意的信息，客户就会认为该产品的性价比较高。假如我们说了大半天，说的都是对方不在意的细节，客户就会判断该产品的性价比不高，不足以改善自己的生活。

只把销售理解成卖产品的人，容易犯这种错误。所以我们要极力避免这种情况。

2. 成为客户的品牌顾问

事实上，并非所有的客户都明白自己真正需要什么，他们只有模糊的概念，不知道可以用哪些有意思的东西点缀生活，所以每位客户都希望销售专家成为自己的品牌顾问。

但遗憾的是，并非每一位销售员都能达到这个要求。我们可以利用这一点，向客户展示新产品带来的新生活方式，让客户意识到，购买这个品牌的产品，就能换一种新鲜的活法。

为此，销售总监必须认真调查产品用户的生活特点，提前发现对方生活中的痛点，主动寻找能够解决问题的产品组合。这样一来，销售总监已经变相地成了客户的品牌顾问。

客户看到我们热心地为他们的生活精打细算，自然会对我们的职业操守肃然起敬。他们今后会在生活方面经常征求我们的意见，根据我们提供的“专业指导意见”来选购产品、定制服务。客户对我们的长期信任，最终会转化为对公司品牌的信任。销售总监与众多客户将形成深厚的情感纽带，双方的合作关系将变得更加稳固而长久。

总之，我们不要让客户觉得我们只是想要赚他们的钱，而应该让他们看到我们改善他们生活品质的诚意。我们打造品牌，既是为了给公司带来效益，也是在为客户创造价值。缺乏这个使命感的销售总监，很难掌控好公司的销售大局。

塑造品牌的主要切入点

品牌塑造是一个系统工程，需要调动公司方方面面的资源，不只是销售部门的事情。销售总监虽然不是公司品牌文化的主导者，但本身是品牌文化建设的一个重要支柱。因为，我们不能不对塑造品牌的路径有所了解，以便更好地配合公司其他部门共同完成品牌塑造工作。

1. 塑造品牌的切入点

我们在塑造品牌时应该从以下几个方面着手。

（1）品牌管理

设计品牌形象，完成品牌包装和管控工作，制订危机公关预案来维护品牌形象。

（2）广告宣传

制作品牌形象广告，选择合适的宣传平台和宣传方式，扩大品牌的影响力。

（3）营销

制订营销计划，积极开拓业务，推广品牌。

（4）产品包装

根据品牌的概念、市场定位来包装产品，使其充分体现品牌形象的特点。

（5）人力资源管理

建立具有公司特色的人力资源管理制度，培养出具有强烈的品牌意识的员工。

（6）企业文化建设

在企业文化建设方面贯彻品牌的核心价值，让公司上上下下树立共同的价值观。

（7）管理制度

制定严密清晰的管理制度，让各部门能按照统一的品牌形象要求来工作。

2. 品牌塑造的过程

（1）提炼品牌核心价值

提炼品牌核心价值就是弄清楚公司希望打造什么样的品牌。我们要做的具体工作包括以下几点。

◎确定品牌的定义与公司的价值主张。

◎提出品牌核心价值。

◎制作品牌核心价值的概念文本。

◎制作品牌核心价值的演示方案。

◎制作品牌核心价值的构成结构图。

◎分析品牌核心价值对营销的指导意义。

◎根据品牌核心价值进行市场竞争分析。

◎根据品牌核心价值制作品牌识别系统。

（2）确定品牌的六要素

品牌的六要素分别是属性、利益、消费价值、文化、个性、用户。通过了解这六个要素，我们将对品牌的定位形成较为全面的认识。我们要做的具体工作如下。

◎根据品牌的六要素来调查公司现有的形象识别系统。

◎调查公司现有的产品系统。

◎调查公司现有的广告传播系统。

◎调查公司现有的品牌文化建设情况。

◎调查公司现有的生产执行力情况。

◎调查公司现有的市场影响力情况。

◎调查公司现有的市场营销战略和销售终端。

◎分析品牌个性塑造的执行方案。

◎分析品牌形象代言人方案。

◎分析产品形象代言人方案。

◎制订品牌传播方案。

◎调查当前的大众文化流行趋势。

（3）品牌定位

品牌的市场定位确定后，公司的品牌塑造就有了明确的方向。我们要做的具体工作如下。

◎提出公司的品牌定位。

◎根据品牌定位制作品牌传播综合说明。

◎根据品牌定位制作市场营销综合说明。

◎根据品牌定位制作目标市场综合说明。

◎根据品牌定位制作消费者情况研究说明。

◎根据品牌定位制作产品物理属性综合说明。

◎根据品牌定位制作品牌推广综合说明。

◎根据品牌定位制作产品研发方案。

◎根据品牌定位制作传播策略。

◎根据品牌定位制作媒体策略。

（4）品牌策略

一个公司往往不止一种产品，也不止一个品牌。一个品牌可以包含多种产品，也可以专用于单个产品。销售总监应该根据公司的具体情况来完成以下工作。

◎制作多产品多品牌策略建议企划案。

◎制作单产品多品牌策略建议企划案。

◎制作多产品单品牌策略建议企划案。

◎制作单产品单品牌策略建议企划案。

◎制定企业多元化经营策略。

◎制定企业关联产业多角化经营策略。

◎制定企业非关联产业多角化经营策略。

（5）品牌传播

品牌传播指的是品牌形象的宣传推广。销售总监应该根据品牌定位和品牌策略来完成以下工作。

◎制定产品企划案和产品策略。

◎制定管理企划案和市场策略。

◎制定宣传策略和媒体策略。

◎制订品牌推广方案和广告设计方案。

◎制定经营策略、销售策略。

（6）品牌传播工具

品牌传播工具是品牌文化传播的载体。我们可以选择以下品牌传播工具。

◎品牌形象手册。

◎产品形象手册。

◎品牌形象宣传广告短片。

◎品牌文化软文。

◎品牌执行力手册。

利用品牌力来促进销售

消费个性化、需求细分化是现代市场的大趋势。我们可以利用发达的互联网在全世界找到喜欢我们的产品的人，却无法保证本市的消费者都是本公司品牌的支持者。为此，销售总监应该顺应形势，精心研究细分的目标市场，利用品牌力来凝聚特定的客户群体，实现精准销售。

1. 品牌力从品牌定位开始

在如今的消费市场中，缺乏特色的品牌很难得到消费者的认可。只有个性鲜明的品牌才能赢得大量高忠诚度客户。“无品牌则无粉丝”俨然成为一条市场法则。价格战在贬值，品牌战在升值。我们应该从品牌定位开始“圈粉”。而那些受消费者欢迎的品牌，通常有以下特征。

（1）美誉度高

美誉度高即有好口碑。具体而言，产品的质量、性能、造型、价格、用户体验等方面有突出的优点，受到用户的广泛欢迎，才能形成好口碑。客户的口碑对公司品牌的建设起着决定性作用。即便你的产品有持续几代人的好口碑，也可能因为一次负面舆论而陷入众叛亲离的困境。

（2）有庞大而稳定的用户群体

世界500强等知名公司的品牌，无不有庞大而稳定的用户群体做后盾。这些名牌产品事实上已经成为特定人群的标准装备，甚至是成功的象征。换言之，客户买的不只是产品，更是在利用品牌来显示自己的成就与地位。

（3）市场需求旺盛

品牌以产品为主要支柱，产品的生命力是由市场需求赋予的。市场需求过少的产品很难上升为知名品牌。一个具有影响力的品牌，必然有持续不断的、旺盛的市场需求做自己的力量之源。

2. 塑造品牌力的基本原则

品牌本身没有高低贵贱，关键在于选准目标市场，为目标客户群体真诚服务。我们做品牌定位时，应当遵循以下几个原则。

（1）取舍原则

没有一款产品能同时满足所有人的偏好。每一个知名品牌在受到粉丝热爱的同时，也会被另一个消费群体排斥。销售总监应该明确公司是为哪些人服务的，而不能幻想讨所有人喜欢。市场虽然广阔无边，但总有不适合我们公司开发的客户，也总有我们利用不了的资源。有多少供应能力，就开发多大的市场。

（2）领先原则

在任何行业中，市场份额最大、发展势头最好的永远是少数领头羊。领头羊企业要么在产品研发环节有技术垄断优势，要么拥有发达的销售网络。无论其核心竞争力是什么，品牌影响力决定了公司对市场的话语权。我们做品牌定位时应该瞄准业内先进水平，激励自己不断进步。

（3）档次原则

品牌定位要根据目标客户的需求特点来做。他们的消费能力属于什么档次，我们的产品定位就做成对应的档次。如果服务的是高档次客户，就做高端品牌；如果服务的是中低端档次客户，就做中低端品牌。如果品牌定位的档次不明确，就无法与细分市场对接，必定妨碍销售。

（4）创新原则

凡是有生命力的品牌，都会推陈出新，不断改善消费者的生活品质。开发新产品，研究新技术，改变原有包装，重组企业形态，升级服务体系，都是一种品牌创新手段。公司不能重营销而轻创意。销售总监应该具备产品经理的眼光，这样才能更好地把握市场先机。

（5）属性原则

属性原则是指品牌定位要突出产品与服务的属性。我们的产品与服务必须符合目标客户群体的属性特征。千万不要凭主观想象客户的喜好去做品牌，而应该真正去研究他们的特点，提炼他们最感兴趣的元素。

品牌是一种承诺，信用为王

众所周知，三无产品靠不住。因为这些产品无生产日期、无质量合格证和无生产厂家，来路不明，出现质量问题也找不到人负责。与之相反的另一个生活常识是，品牌产品大多比较可靠。越是名牌产品，可信度越高。虽然一些世界500强公司也曾经发生过重大问题，但客户相信这些公司会痛定思痛，纠正错误，维护自己的品牌形象。

品牌之所以能给人们带来信赖感，正是因为它体现了企业对社会的承诺。没错，品牌不仅代表了公司的形象，还是公司信用的象征。品牌好意味着公司形象和社会信用较好。这两点对销售工作有巨大的影响力。销售总监如果不重视维护公司的品牌，等于是在砸自己的饭碗。

1. 信用是品牌的生命力源泉

品牌的魅力不在于标志（logo）的形象多么华美，而在于它可靠的信用度。诚信是第一位的商业道德。销售总监也应以诚信为首要的为人处事准则。

美国销售培训专家博恩·崔西说："最优秀的销售员对自己所做所说的每件事情都完全诚实，他们永远不会把自己认为对客户不好的产品或服务推荐给客户。客户也清楚地知道这一点。信任是所有关系的基础，而正直是信任的表现形式。优秀的销售人员和客户有着良好的关系，客户购买产品有时甚至不问价钱。因为客户知道，这个价钱一定是公平合理的，否则这个销售员是不会向他介绍这宗买卖的。正直对建立自信是非常关键的。你对待自己和周围的人很真实，你的感觉也会非常好。”

你看，堂堂正正地做生意、树品牌，可以省去很多麻烦。大家都怀着诚意做买卖，童叟无欺，只有开诚布公的谈判，没有相互挖坑的算计。销售讲诚信，品牌有信用，客户很信任，没有什么比这更能巩固合作关系了。

2. 品牌的公信力尽在销售员的一言一行

信用是公平交易的基础。假如客户不守信用，销售员卖出产品后就拿不到回款；假如销售员不守信用，客户就会被假冒伪劣产品骗走很多钱。为了蝇头小利而欺骗客户，无异于自毁品牌。品牌的公信力不仅要体现在公司合同中，还应该贯彻在销售员的一言一行里。

销售产品在很大程度上是在卖“信用”。客户相信产品的价值，相信公司不是骗子，才愿意下订单。销售员的工作本质上就是说服客户相信自己的过程。销售员的信用力代表着他们的产品和公司的信用力。公司品牌的信誉就是靠每一位销售员的诚信交易积累起来的。

信任在今天仍是一种稀缺品。市场中不乏缺斤短两、尔虞我诈的不良现象。销售员与客户构建信任的过程往往充满艰辛，双方好不容易形成的信任关系却很容易被小纠纷摧毁。因此，销售总监要严格管理销售团队，坚决唾弃那些欺诈行为，教育全体销售员不要见利忘义，而要用合法的销售技巧堂堂正正地赢得客户。

总之，品牌的生命力在于“一诺千金”。销售总监作为公司重要人物，应该让销售团队形成讲诚信的风气，共同维护公司品牌的声誉。

第四章

销售渠道建设，关键是找对合作伙伴

在很大程度上，产品的销量取决于销售渠道的完善程度。这使得商界一直存在“渠道为王”与“产品为王”的争论。支持“渠道为王”观点的人认为，只要销售渠道建设得好，再差的产品也能热卖。这种理念无疑是偏颇的，但好产品如果没有遇上好渠道，销售同样不会理想。销售总监在公司分工体系中不直接负责产品生产，却承担着渠道建设的职能。所以，为公司打造一个成熟而稳定的销售渠道，是销售总监义不容辞的使命。

选择合适的供应商，铺设销售网点

世界500强公司往往互为对方销售渠道的一环。比如，世界500强里多次蝉联排行榜冠军的沃尔玛集团，货架上陈列着无数来自其他500强公司的产品。企业的发展离不开完善的销售渠道。渠道上游的供应商控制着我们的货源，渠道下游的零售商替我们占据了市场的每一个角落。假如供应商不可靠，公司就无法保质保量拿到货物，销售工作就只能被迫停滞了。总之，销售总监要认真考察供应商，这样才能设计出合理的销售渠道，在目标市场里铺设足够多的销售网点。

1. 考察供应商的要点

要点	问题
可靠性	供应商能不能保证始终履行所有的合同条款？
价格和质量	哪家供货商能以最低的价格提供质量最高的商品？
订单处理速度	我方要花多长时间才能从供应商那里拿到货物？
独占权	供应商是否愿意把独家经销权交给我方？
服务项目	供应商能否在必要时提供运输、储存以及其他服务？

续表

要点	问题
信息	供应商能否向我方提供一些重要的产品/服务信息？
毛利	供应商给我方的毛利（差价）是否令人满意？
创新	供应商提供的是老旧商品还是新型商品？
广告	供应商在当地媒体做广告吗？
投资成本	供应商的总投资成本有多大？
记录	供应商是否按我方要求尽快填写记录？
长期关系	我方能否与供应商维持较为长久的合作关系？
信用	我方能否从供应商那里获得商业信用？
品质保证	供应商能否为自家商品提供足够的品质保证？
道德	供应商是不是认真兑现了自己的口头承诺？
风险	我方与供应商在合作过程中可能面临哪些风险？

2. 打造销售渠道的步骤

（1）分析渠道设计需求

销售总监必须对公司现有的销售渠道知根知底，然后分析当前市场环境与竞争对手的情况，找出当前销售渠道的不足，确定改进方向。

（2）确定销售渠道发展目标

销售渠道发展目标应该遵循明确、可量化、可实现、有具体期限等基本原则。企业通常会根据渠道目标来制定渠道管理任务。渠道管理任务主要包括推销、物流、风险承担、渠道支持、产品修正和售后服务。

（3）设计渠道结构，评估影响因素

销售渠道都是由不同的渠道长度、宽度、广度形成的立体结构，具体构筑围绕着产品与市场的变化来调整。产品用户需要购买多少产品，希望得到怎样的售后服务、运输配送方式，都是销售总监要考虑的问题。

（4）抓住合适的机遇铺设渠道

建设渠道的有利时机有：新产品刚上市时、产品生命周期进入新阶段时、产品引发市场潮流变化时、产品价格政策出现重大调整时、公司渠道政策需要调整时、当前营销渠道发生重大危机时、整个行业格局发生重大变化时、营销渠道管理的重大国家政策出台时。这些都是革新销售渠道的好机会。

3. 设计销售渠道时应该考虑的问题

销售渠道建设主要受八个因素的影响。

（1）产品特性

不同的产品需要不同类型的销售渠道。销售总监应当对产品的价格、重量、形状、技术含量、数量、保质期、使用寿命、时尚性、新颖度等特征了如指掌。

（2）市场动态

产品用户的消费习惯、潜在客户、市场的地域性、产品的季节性、竞争性产品的影响力、销量的大小、产品的定价、购物环境状况、服务是否人性化等因素，都会影响销售渠道的建设。

（3）环境因素

在设计渠道时，企业应该注意当地的社会文化环境、经济环境、竞争态势等。经济环境，包括目标市场的经济制度、产业结构、劳动力情况、消费水平等情况，是应该特别关注的因素。

（4）国家的政策法规

国家的政策法规会对市场行情产生深远的影响。无论销售渠道怎样设计，公司都应该注意顺应当前政策和法规的要求，利用国家政策法规为自己创造有利条件。

（5）新兴技术

新兴技术可能会颠覆传统的商业模式，进而让传统的销售渠道变得越来越没效率。销售总监应当利用好各种新兴技术来优化销售渠道，提高渠道运营效率。

（6）公司的情况

公司的经营范围、规模、地理位置、主打产品特点、战略目标等因素一旦发生变化，销售渠道也应该做出相应的调整。有些外资企业的销售渠道是按省份来划分的，通过20～40家一级经销商构成的销售网点来覆盖全省的市场。国内企业通常会在全国设置上千个一级经销商。

（7）经营方式

资金雄厚且管理制度较完善的公司，希望控制产品的零售价格，会选择更直接的渠道。而那些资金存在明显短板或管理经验不足的公司，主要借助批发商和零售商的力量来推销产品。

（8）竞争对手情况

同一个区域市场中往往有多家企业竞争。我们的竞争对手也在积极跟各个供应商洽谈合作，而供应商往往也会同时给几家公司供货。如何在渠道建设中赢得优势，如何避免跟竞争对手进行恶性竞争，都是需要考虑的问题。

渠道建设的常见误区

如果销售渠道建设不按规律办事，就会导致渠道管理混乱不堪，公司业绩持续下滑。所以，销售总监在建设渠道时，应该避开以下常见误区。

1. 试图抛开所有经销商

电子商务的发展减少了渠道中间环节。这让不少公司误以为单凭网络渠道就能包打天下，不想让经销商与其他合作公司等渠道成员继续分享利润。有些大公司通过成立分公司、直营零售店等方式来减少渠道层级，企图完全绕开传统的中间商环节。但事实上，这个做法未必适合所有的企业。

如果公司把原先外包给各级经销商的业务全抓在自己手中，则等于重新承担了原先转移出去的市场风险。经销商的销售网络在市场上站稳脚跟，运营机制非常成熟。而公司自己从头开始建设的渠道，未必能竞争得过经销商的传统渠道。新渠道全面取代传统渠道，失败的风险非常高，我们不可不慎。

2. 盲目扩张销售网点

销售网点并非多多益善，也存在一个平衡点。在某个发展阶段，经销商数量与产品销量的确成正比关系，然而前提是不超过区域市场的容量。市场承受力是有限的，当经销商数量超出市场容量后，产品销量就不会再增长。更糟糕的是，经销商过多容易引发渠道冲突。各级经销商为了完成自己的销售指标而进行恶性竞争，最终导致公司产品的总体销量不升反降。

3. 渠道机构太臃肿

有些公司为了扩大市场占有率，设置了多级渠道管理机构，形成了庞大的销售渠道。渠道层级多少应该根据市场实际要求来定。但总体而言，渠道层级越多，信息传递就越慢。臃肿的多级渠道，比扁平化渠道的管理成本更高。销售渠道扁平化是今后发展的趋势。

4. 片面追求扩大市场覆盖率

市场覆盖率大未必是好现象。有些中高端产品并不适合投放在消费水平较低的区域市场。片面追求扩大市场覆盖率，盲目进入跟产品定位不相匹配的市场，只会让销售渠道背上包袱，得不偿失。销售总监在向三四线市场进军之前，一定要慎重地考虑自家产品能否打开当地市场，从这些市场中获得的利润是否足以维持当地销售渠道的正常运转。与其片面提高市场覆盖率，不如强化对主要市场的控制力。

5. 盲目追求与大经销商合作

大经销商有品牌过硬、资金雄厚、销售能力强等优势，往往是公司迅速打开当地市场的重要推手。可是，大经销商不只经营一两个企业的产品，还同时与多家知名企业或不知名企业合作。他们把有实力的合作伙伴放在前面，把没实力的合作伙伴排在后面。假如公司的产品缺乏影响力，大经销商不会为我们调整自己的步调。销售总监应该把渠道主导权牢牢掌握在自己公司手中，不能让大客户反客为主。

6. 忽视对现有渠道的维护

有些公司在设计渠道时呕心沥血，进入运营阶段时却放任自流，以为销售渠道能自动保持最佳运转状态。事实上，经销商在销售遇到瓶颈时都希望我方能加大支援力度。假如销售总监对此有所忽视，经销商就会脱离公司制定的渠道战略来寻找新出路，甚至投靠我方的主要竞争对手。此外，销售总监若是放松了管控渠道，市场信息的获取途径过分依赖经销商，还会让自己丧失对市场的判断力。

7. 不肯构建长期合作关系

有些销售总监和经销商急于求成，只看重短期营销计划，而缺乏长期发展规划。这对渠道建设是非常不利的。完整的销售渠道是由多个成员共同构成的，只有各方成员建立互信机制，才能长久合作，齐心协力打造良好的销售渠道。没有互惠互利的长远战略做指导，公司难以跟经销商保持稳定的合作关系。

8. 重优惠政策而轻改进产品

用优惠政策激励经销商是一种常见的渠道管理手段。在销售进展不顺时，优惠政策有助于提高经销商的工作积极性，促使他们想办法提高产品销量。但是，产品销量不佳有时候跟销售渠道关系不大，而是因为产品本身缺乏打动客户的优点。这时候，销售总监无论给经销商增加多少优惠政策，都无济于事。

总之，销售总监在设计渠道时，应该周密考虑各个环节，本着合作共赢的宗旨来平衡各方利益，但要力求让公司掌握渠道的主导权，提防出现个别经销商打着公司品牌的旗号售卖其他产品的现象。

提高产品在销售渠道中的竞争优势

产品、价格、终端是销售渠道的三大要素。其中，产品线最能体现公司品牌的影响力，并决定了销售工作能否正常进行。渠道是为销售产品服务的，怎样把产品打入目标市场，是销售总监必须考虑的事情。为了实现这个目标，我们首先要解决产品定位问题，然后再发掘产品的竞争优势。

1. 产品定位的四个因素

销售总监在做产品定位时，应该考虑以下四个因素。

（1）产品的质量和价格

质量是产品的生命，价格是利润的源头。任何公司都希望在降低生产成本的同时提高产品的质量。但“一分价钱一分货”，高品质产品必然伴随着更高的成本。所以，公司不能片面追求高质量或者低成本，必须在质量与价格之间找到平衡点。假如针对的是高消费能力的目标客户，产品定位可以走优质高价路线；若是把市场受众定为普通大众，应该把产品定位为经济实惠的类型。

（2）产品的特色

个性化消费是大势所趋。但是，每当市场上出现热卖的个性化产品时，竞争对手就会大肆跟风，让同质化产品大量充斥市场。因此，销售总监在做产品定位时，一定要突出产品的独特性，最好能提出一个全新的消费理念，打造无法模仿的品牌文化。

（3）产品的功效

任何产品都是市场需求的产物。功效是产品最本质的特征。只要公司的产品能提供足够的功效，就能在市场上占据一席之地。公司在产品研发阶段就应该做好这一点，提高产品的含金量。这虽然不是销售总监负责的事情，但销售总监有义务向产品研发部门提供准确的市场反馈意见。

（4）产品的用户体验

销售总监应该向目标客户群体传达这样的信息——我们公司的产品是为您量身打造的。这种宣传方式就是从产品的用户体验的角度说话。

2. 强化产品竞争优势的办法

销售总监在充分考虑产品的定位问题后，还要想办法加强产品的竞争优势。在这个同质化产品过剩的市场中，产品差异越明显就越利于推广。强化产品的竞争优势，应当从塑造差异着手。常用的办法有以下四种。

（1）加大新产品的研发力度

加强技术研发，是改进产品的质量、式样、造型、功效的根本途径。技术研发能力强的公司，会通过持续开发系列产品而形成难以超越的品牌优势。其中的佼佼者，甚至可能成为整个行业的产品相关技术标准的制定者。不过，开发新产品意味着投入更多的资金，承担技术攻关风险。如何取舍，公司应该结合本身的情况来决定。

（2）根据地理因素重塑产品线

在全球经济联系日益密切的今天，产品的生产、运输、销售、配送往往不在同一个地区。全球化生产、跨国营销，不是什么新鲜事。公司可以根据产品生产地与销售地的分布情况来优化渠道产品线，这样既能缩短运输流程、减少物流成本，又能根据不同区域市场的文化来重新包装产品，进行差异化竞争。

（3）包装促销

加强宣传推广、推出新包装、开展各类主题促销活动，是塑造产品差异化的常见手段。所以，销售总监可以通过在宣传文案、包装样式、企业形象标识等环节上突出企业的品牌个性来塑造产品的差异特色。

（4）附加增值服务

当代客户的消费者主权意识非常强烈，会把产品与服务视为一体。在产品同质化的环境下，差异化的增值服务也能让客户感受到产品的差异化特征。销售总监在铺设渠道时，应该选择那些服务完善的合作商，让产品更好地吸引目标客户。

确定渠道政策及价格体系

渠道政策是销售总监管理销售渠道的重要手段，主要包括供应价格、结款方式、销售奖励与支持措施四项内容。其中，最核心的内容就是供应价格。价格体系是渠道运营中最重要的因素，不仅决定了产品最终能否被消费者接受，还会对整个销售渠道造成或积极或消极的连锁反应。

合理的价格体系应该满足3个要求。

◎消费者认可该产品的零售价格。

◎能满足企业自己的生存发展需求。

◎应该给中间商留下合理的利润空间。

为此，销售总监有必要了解基本的渠道产品定价法，具体情况如下。

1. 成本导向定价法

成本导向定价法是用渠道产品的单位成本加上预期利润。这种定价法因计算简便而在商界普通应用，主要包括成本加成定价法、目标收益定价法、边际贡献定价法、盈亏平衡定价法。

（1）成本加成定价法

单位产品价格=单位产品成本+单位产品目标利润

优点是简化了定价工作，能减少与同行的价格竞争，对销售者与消费者都比较公平。缺点是不太重视市场需求变化与竞争对手的情况，削弱了产品定价的市场竞争功能。

（2）目标收益定价法

单位产品价格=[总成本×（1+成本利率）]÷产品总销量

目标收益定价法又叫投资收益定价法，企业根据渠道产品的生产总成本与目标总销量，以及由投资收益率决定的目标利润率来制定产品价格。优点是能加强销售渠道管理的计划性，缺点是操作比较复杂。

（3）边际贡献定价法

单位产品价格=单位变动成本+单位产品边际贡献

边际贡献定价法又叫高于变动成本定价法。这种计算方法只计算变动成本，而不计算固定成本，通过预期的边际贡献来补偿固定成本以获取利润。

（4）盈亏平衡定价法

单位产品价格=固定总成本÷产品销量+单位变动成本

盈亏平衡定价法需要定价者已知固定成本与变动成本，并预测出渠道的产品销量，然后计算出产品盈亏的平衡点。不过，这个平衡点只能作为产品价格的最低限度，最终价格还得加上单位产品的目标利润。

2. 消费者导向定价法

消费者导向定价法又称需求导向定价法。这种定价法不直接与成本因素相关，而是根据市场需求变化来调整价格，平均成本相同的同一款产品在不同的行情下可以灵活涨跌。消费者导向定价法主要分为理解价值定价法与需求差异定价法。

（1）理解价值定价法

定价者先对目标用户做深入调查，摸清用户对产品价值的理解情况，定下产品的初始价格，然后分析产品的预期销量、目标成本、销售收入，计算出盈利空间，再制定出产品的最终价格。

（2）需求差异定价法

公司往往拥有不只一条分销渠道，而且各区域的渠道需求存在差异。需求差异定价法就是针对这种情况来制定产品价格，包括以用户差异定价、以销售地点差异定价、以时间差异定价、以产品差异定价、以买卖双方交易条件差异定价等形式。

3. 竞争导向定价法

企业根据竞争对手的生产能力、服务水平、价格体系与自身实力，再结合生产成本与市场供求关系来给同类产品定价。竞争对手调整价格，我方也随之变价。竞争导向定价法主要包括随行就市定价法与产品差别定价法两种类型。

（1）随行就市定价法

随行就市定价法通常有两种操作方式：一是各同行企业根据市场行情变化反复调整，逐渐形成一个行业默认的平均定价水平；二是由某部门或某行业的几家实力最强的企业制定行业基准价格，其他企业根据这个基准线来调整自己的价格。

（2）产品差别定价法

把竞争对手主打产品的质量、性能、价格、生产条件、售后服务等因素研究透彻，再对比自身产品的情况来制定高于或低于对方的产品价位。这种定价方法具有明显的对抗性，容易引发激烈的市场竞争。

别让大客户成为公司的软肋

大客户是销售总监的主要业绩来源。他们在销售渠道中扮演着举足轻重的角色。排名前二十位的大客户为公司创造的效益的总和，甚至可能超过整个销售渠道的总收益的一半。由于公司对大客户具有较强的依赖性，因此一旦大客户出现问题，整个销售渠道就会遭受创伤。销售总监应当重视对客户的风险管理，尤其是那些大客户。

1．基本的客户分类

公司的客户包括个人和组织。根据对公司业绩的贡献率，渠道客户可以分为小客户、普通客户、主要客户、大客户四个等级。

（1）小客户

小客户指对公司业绩贡献很小的客户，主要是普通消费者。这类客户的数量庞大，约占总客户的80%，但开发价值最低，全部加起来还不如一个大客户对销售渠道的贡献大。

（2）普通客户

普通客户指给公司带来的业绩不高但发展潜力不俗的客户，包括中小型合作企业、次级经销商以及购物量较大的消费者。普通客户通常只占客户总数的15%，数量比后两类客户多，但业绩贡献率不算高。不过，他们是同行竞争对手千方百计要拉拢的客户资源。

（3）主要客户

主要客户指能为公司带来很多业绩但合作关系不稳定的客户。主要客户通常只占客户总数的4%左右，数量不算多，但贡献率较高。假如主要客户自身实力增强，与公司合作关系更为密切，就有望升级为大客户。

（4）大客户

大客户指为公司带来最多业绩且合作关系稳定的客户，包括大型合作企业、主要经销商、政府、事业单位等组织。大客户通常只占客户总数的1%左右，却是公司的主要利润来源，堪称销售渠道的经济命脉。

2. 大客户关系管理的要点

销售总监应该着重维护1%的大客户和4%的主要客户。这些重要客户既能让本公司获得更强的市场竞争力，也可能成为公司的软肋。假如大客户经营不善，或者强横霸道，就会影响销售渠道的安全。把这些重要客户管理好了，既能优化销售渠道资源配置，又能有效控制销售渠道的运营风险。

为此，销售总监应当做好以下工作：

◎充分了解大客户的经营理念与核心业务。

◎给予大客户一定的优惠政策。

◎协助大客户开拓新市场或开发新产品。

◎帮助大客户完善售后服务机制。

在与大客户巩固关系的同时，销售总监要注意防止大客户过度膨胀，不能让销售渠道的主导权落在对方手中。

比如，当大客户要求我们提供更多促销费用、提高年终返利比例，无故延迟交付欠款时，销售总监应当有礼有节地据理力争。此外，我们还要小心甄别大客户是否弄虚作假，通过转移库存或者跨区域窜货等方式来虚造业绩。我们在必要时应该果断剥夺不良大客户的特权，避免公司和其他客户的利益受到损害。

3. 大客户风险监控机制

销售总监既要扶持优质大客户成长，又要定期清除不良大客户。为了确保整个销售渠道的安全，我们应从五个方面着手建立大客户风险监控机制。

（1）制定科学合理的促销政策

促销政策不合理会加剧公司与大客户之间的利益冲突，导致销售渠道混乱。因此，销售总监制定促销政策时应当兼顾目的性、可行性、挑战性。我们应明确促销政策的激励对象是哪个层级的渠道客户；务求让销售目标符合市场实际情况，把目标定得比各个经销商的历史销量高一些；促销政策应包含多种奖项，从多方面激励大客户的发展；最好少用现金，多用物质、活动等激励措施。

（2）向所有经销商收取保证金

保证金有利于稳定渠道价格体系。注意，公司在收取保证金后，每年应按照高于银行利率的标准向大客户等合作伙伴支付保证金利息，在双方终止合作后退还保证金。保证金可以采取分批缴纳等灵活的支付方式，减轻大客户的负担。

（3）调查大客户的销售网络

公司铺设的销售网络往往与大客户有所重叠。不能光依赖核心经销商去开拓市场，而要把自己的销售力量设在市场中的每个网点。

（4）掌握所有大客户的终端出货情况

我们可以设置经销商月销量状况分析表，了解销售渠道中各级经销商的月销售量、月进货次数、当月销量在渠道总体销量中的比重情况。我们通过对比分析来观察大客户的实际销售水平是否与账面数字匹配，避免某些假大客户冒充真大客户。

（5）加强销售渠道流程管理和公司内部管理

此举可以减少销售渠道中的纰漏，提高各环节的运营效率。更重要的是，强化流程管理和内部监管，可以防止个别员工的恶意竞争行为。

规范渠道管理，预防窜货

各级经销商在销售渠道中都有自己的销售区域，如果在自己销售区域以外的地方推销商品，就是窜货行为。窜货又名倒货、冲货，它会引发渠道价格体系混乱，破坏公司与经销商的信任关系，损害公司的品牌形象。

1. 窜货现象的表现

常见的窜货现象具体表现在以下四个方面。

◎分公司为了完成业绩指标，向需求量大的兄弟分公司抛售货物，而不是把产品卖给真正的用户。

◎部分经销商利用两个区域市场供求关系的不平衡来低价抛货。

◎部分经销商为了减少损失而低价倾销即将过期的库存。

◎部分经销商通过以次充好来扩大市场份额。

2. 窜货的三种类型

窜货主要分为三种类型：自然窜货、恶性窜货和良性窜货。

自然窜货并非经销商的主动行为，而是在销售区域交界处或物流配送过程中发生的窜货现象。如果规模较小，则自然窜货对销售渠道没有太多影响。但如果不注意调节，量变就会引发质变，从而产生危害。

恶性窜货是部分经销商向其他销售区域倾销商品，抢走其他经销商应得的利润。这是销售总监需要重点预防的情况。

良性窜货通常是因经销商流通性过强导致的结果，但也不排除经销商刻意为之的可能性。近些年来，销售专家开始呼吁淘汰良性窜货的概念。因为，任何形式的窜货本质上都是非正常的产品流动，都是销售管理存在缺陷的表现。

3. 窜货现象产生的原因

窜货现象产生的原因主要有：

◎经销商利用供货价格与激励措施之间的差异争取更多回扣。

◎各销售区域的经济基础不同，有些市场开发潜力大，有些已经供过于求。

◎公司给不同经销商的优惠政策差异太大。

◎公司制定的销售指标太苛刻，导致经销商为了达标而采取恶性竞争手段。

◎经销商手上商品严重滞销又无法退货，导致他们为了清库存而偷偷到其他市场做业绩。

◎不同区域的经销商利用运输成本的差异来牟利。

◎为了报复合作方换客户或违约等行为，经销商利用窜货手段来扰乱对方的销售渠道。

◎被窜货损害利益的经销商发现公司无力约束窜货者的行为，愤而选择以毒攻毒，以窜货对抗窜货。

4. 预防窜货的措施

无论怎样完善渠道管理制度，任何公司都不可能完全杜绝窜货现象。但销售总监应当从以下八个方面预防窜货。

（1）过程控制与结果控制并重

公司应该成立独立的窜货核查机构，明确核查标准与流程，建立核查结果通报机制。产品流向必须以机打文件为准，并加盖经销商公章，以确保产品流向的真实性，以免各级经销商或业务员造假。销售总监应随时关注经销商的库存管理，警惕二级经销商突然大量采购的现象。

（2）设计一个合理的价格体系

窜货的根源是公司给各级经销商的价格相差过大。所以，销售总监在设计价格体系时要注意以下几点。

◎价差随着渠道层级由上而下逐步递增，越接近销售终端的经销商对差价的要求越高。

◎注意各地区、各级别经销商对毛利点的要求，一级经销商的毛利点通常为5%～8%，二级经销商则为8%～10%。

◎定价时要注意批量差价以及回款时间的差异，不能强迫经销商完成过高的销售指标。

◎根据产品的特性与生命周期来制定价格。

（3）运用技术手段防止窜货

公司可以利用大数据等技术来强化产品管理。每一件产品进入目标市场前，都要经过产品身份查验，公司大数据库自动录入产品的出货、流通、最终用户等数据，这样便于公司检查是否有窜货现象发生。

（4）加强内部管理

有些窜货现象是公司内部人员和经销商串通一气的结果。销售总监应该把打击窜货作为员工培训与经销商培训的重要内容，并且对遵守公司渠道政策的优质合作商给予一定的奖励。

（5）制定严密、合理的渠道政策

在协议合同上注明经销商不得随意更改产品分销价格，也不能以其他形式变相降低分销价格。销售总监制定激励措施时，最好采用年终返利和赠品返利的形式，少用一次性返利与直接降价让利。当二级经销商中发生窜货行为时，销售总监要对合作方的一级经销总代理追究连带责任，并要求各级经销商提供真实而清晰的产品流向。此外，销售总监应该尽量把二级经销商的促销政策制定权握在自己手中。

（6）加强与经销商的协调沟通

窜货会破坏各个销售渠道成员的团结。但症结可能出在经销商身上，也可能出在公司渠道政策不合理上。销售总监应该拿出诚意来，与经销商一起研究窜货问题，共同维护合作互信机制。

（7）制定可行的销售目标

大部分公司都会根据销售指标的高低来制定阶梯式返利政策。经销商完成的销售业绩越高，返利收益就越高。但过高的指标会让他们不堪重负。销售总监应当制定可行的销售目标，不能把不可能实现的任务强压给经销商，每年都要根据市场变化来调整目标。

（8）制定规范的促销政策

促销政策包括直接价格让利、赠品、返利、提供促销经费等形式，还可以分为阶段性促销与全年性促销。销售总监不能让利太多，否则会导致各区域市场的价格不平衡，引发窜货现象。

呆坏账越少越好

很多知名企业盛极一时，却因资金周转不灵而衰败。资金周转不灵的主要原因是呆坏账太多。呆坏账的出现意味着公司无法及时拿到回款，赊销成本不断上升，净利润率持续下滑，导致公司运营逐渐恶化。销售总监应当对此高度重视。

1. 呆账与坏账的概念

“呆坏账”是个合称，包含了“呆账”和“坏账”两个概念。

呆账是由于合作商拖欠而未能在偿付期限内收回的应收账款。当公司的应收账款在超过约定的偿付期限三个月以上依然未能收回时，公司财务部门就会将其列入呆账范围。这笔收益一天不回到公司账户上，公司在资金上的压力就会多持续一天。

坏账是因故无法收回或者收回的可能性微乎其微的应收账款。当合作商因遭遇突发危机、恶意拖欠、经营不善、破产等情况而无法支付账款时，这笔拿不回来的钱就会被财务部门列入坏账范围。坏账让公司损失了一部分应得之利，增加了运营成本和财务风险。

两者的区别在于，呆账是暂时没能收回的逾期应收账款，坏账是确定无法收回的应收账款。呆账会造成实际利润的缩水，坏账则造成无法弥补的实际利润损失。不过，随着拖欠时间的增加，呆账很可能会转变为坏账。所以，销售总监要认真对待每一笔呆账，以免影响销售渠道的安全运转。

2. 预防呆坏账的基本措施

在现代市场环境下，我们不可能强制要求每一笔交易都“现款现货”。销售总监可以从以下七个方面来预防呆坏账。

（1）选择可靠的优质经销商

优质经销商的盈利水平稳定，商业信誉良好，没有拖欠货款的不良记录，具备按期按量偿还账款的能力。公司可以在较短的时期内回收账款，减少呆账风险。就算这些合作企业遇到发展瓶颈，职业操守也会促使他们努力在期限内偿还货款，而不是借故不还。

（2）加强对渠道运营过程的管控

销售渠道运营过程的管控工作是一个头绪繁杂的系统工程。发货、销货、存货、物流配送、制定价格、渠道冲突等问题，都应包含在内。控制好运营过程，才能更好地掌控结果。

（3）严格资信管理

公司可以定期对经销商的资信等级进行评比。销售总监在交易前要注意收集和分析经销商的信用状况，合理编制资金回收预算，确认经销商的债务状况，并及时整理月欠费客户名单。设置收账管理小组，用规范的催欠流程来管理收账业务，并在完成交易后建立风险诊断报告制度。收账管理小组加强对事前、事中、事后三个环节的资信管理，可以让公司减少呆坏账的产生频率。

（4）防止商业调货行为

部分经销商也许并不打算主动拖欠账款，却因调货过多而导致产品滞销。在库存大量积压时，经销商赚不回利润，只能追加更多的仓储管理成本，确实缺乏足够的现金来支付账款。在这种情况下，销售总监应该学会准确判断自家产品的市场容量，不可盲目偏信经销商的判断。如果经销商因盲目乐观而要了超出市场容量的商品，就会增加呆坏账产生的风险。

（5）在调换货过程中，严格落实发票管理

销售渠道运营中的货物与金钱交易十分频繁，发票是这些交易活动的必要证明。销售总监及其员工都应该养成“发货开票，不见票不交货”的好习惯，在所有的调换货活动中坚持严格的发票管理制度。一旦出现呆坏账，我们可以通过发票检查出渠道管理中存在的问题和相关责任人。

（6）定期与经销商、合作银行进行三方对账

核对账目是销售总监加强财务管理和预防呆坏账产生的主要手段。销售总监应该在每个月或每个季度与各级经销商、合作银行进行三方对账。三方共同核对账目有利于检查经销商的财务风险状况，分析其是否会给公司带来呆坏账的问题。这种定期检查制度也能促使各方完善自己的财务管理制度。

（7）及时惩罚和教育回款意识薄弱的经销商

拖欠账款的经销商往往有以下心态。

◎大公司不在乎这点小钱，不及时回款也影响不大。

◎拖延偿付货款相当于多了一笔无息贷款，多拖一天是一天。

◎先用这笔货款进货，扩大销售之后再还款，这叫提高资金利用率。

◎对方不至于为了一笔延迟付款而终止合作，拖欠一下也不要紧。

对于上述心态，销售总监应当在业务培训时重点指出，在其他沟通场合中也要及时批评教育。公司应该在出现呆坏账苗头时果断采取处罚措施，让各合作方养成好习惯。

第五章

开发客户资源，“用心销售”最重要

在不少销售员眼中，销售就是说服客户购买自己的产品。这个观点不能说有错，但对销售的理解不够全面。销售既是一个卖出产品的过程，也是我们与客户建立信任关系的过程。销售总监的眼睛不能只盯着一两个大客户，而要教会全体工作人员“用心销售”，跟客户保持良好的长期合作关系。我们对客户尽心尽力，客户才会对我们投桃报李。一旦客户对我们有了足够的信任，每当客户有需要时，会第一时间想起我们，主动向我们咨询最近有无可以推荐的产品。这才是深入人心的销售。

了解你的客户类型

市场是由形形色色的客户共同构成的。销售总监经常会接触不同类型的客户，争取让他们接受本公司的产品和服务。不同类型的客户在选购商品过程中会表现出不同的行为习惯。为了实现精准营销，我们应该了解客户的基本类型，弄清他们的消费习惯。按照现代营销理论，客户可以分为12种基本类型。

1. 冲动型客户

冲动型客户以经常做出冲动消费而著称。他们十分情绪化，很容易受到别人意见的影响。一旦遇到自己感兴趣的商品，他们就算借钱度日都会想办法买到。但冲动型客户对自己不感兴趣的商品毫不关心。销售总监应该找准其兴趣点，尽快完成交易。因为他们既能因冲动而购买，也可能因新的冲动而放弃购买。

2. 理智型客户

理智型客户从不做冲动的决定，购物时必定会深思熟虑。他们通常思路清晰，明确自己需要什么，总是会认真分析产品的优缺点，以便准确判断其实际价值。销售总监跟理智型客户打交道时，既不要自作聪明，也不要夸大其词，而应该如实地展示产品的质量与特色，让对方觉得你的意见有理有据。

3. 挑剔型客户

挑剔型客户是吹毛求疵的行家。他们能从品质、样式、包装、价格、服务等方面挑产品的毛病，然后提出各种不合理要求。需要注意的是，挑剔型客户的观点有很强的主观性，并不是理智型客户那种基于客观实际的分析。俗话说：“嫌货人才是买货人。”销售总监应该明白，挑剔型客户吹毛求疵就是为了讨价还价。

4. 多疑型客户

多疑型客户不信任销售员，对很多东西都有疑虑，不会轻易做决断。不过，他们的多疑只是因为不了解情况而害怕上当，对产品的需求是实实在在的。只要能有理有据地打消其疑虑，多疑型客户就会高高兴兴地下单。销售总监接待这类客户时，要贯彻说服力、证明和遵守承诺三个关键词。

5. 豪爽型客户

豪爽型客户作风自信果断，出手大方，不喜欢讨价还价，喜欢向大家展示自己的豪迈气魄与经济实力。豪爽型客户一般会买下自己看中的产品，不需要太多的说服。销售总监接待这类客户的要点是弄清对方的喜好，告诉他们用什么产品最有面子。

6. 犹豫型客户

犹豫型客户容易对无关紧要的环节感到纠结，迟迟不敢做出购买决定。他们并不是真的对产品有意见，而是担心自己有忽略的问题，急于做决定可能会后悔。销售总监在遇到这类客户时，一定要有耐心，鼓励他们，给他们自信，不耐烦的情绪反而会让他们更加犹豫。

7. 健谈型客户

健谈型客户喜欢聊天，很好相处，但很容易把话题带偏。这类客户也许跟你聊得很投机，但他们的购物热情未必跟聊天热情同样多。销售总监在接待健谈型客户时，应该注意把握好谈话节奏，避免过多谈论无关话题，而要选择合适的时机果断结束谈话。

8. 沉默型客户

沉默型客户喜欢自己查看产品，不喜欢跟别人对话，但会认真听你说了什么。大家往往搞不清楚他们心里在想什么，沟通起来容易冷场。销售总监在接待沉默型客户时，应该细心地观察对方的肢体语言与神态，不要喋喋不休。沉默型客户想弄清楚的事情，一定会问你，这时候你再根据对方的兴趣点来做推销。

9. 胆怯型客户

胆怯型客户通常对产品和市场缺乏了解，平时没什么购物经验，所以不太敢消费。他们往往作风保守，缺乏自信，不愿尝试新鲜事物。销售总监应当保持积极热情的态度，列举具体的成功案例，耐心解答对方的各种小疑问。最好是引导他们说出自己的疑虑，然后给予相应的承诺，增加他们的心理安全感。

10. 歇斯底里型客户

歇斯底里型客户总是把事情往坏处想，时常杯弓蛇影、草木皆兵。他们会从对方的发言中抓住某些漏洞，穷根究底地发出质问。很多销售员因为受不了这种小题大做的行为，从而放弃了继续谈判。销售总监对待这类客户要多听少说，富有耐心，措辞周密，尽量避免刺激对方，引导他们朝积极的方向看问题。

11. 从众型客户

从众型客户缺乏主见，买东西也是随大流，对自己的实际需求缺乏了解。跟风消费是他们最常做的事情。所以，销售总监在接待这类客户时，可以着重强调该产品的销量、主要购买群体等信息。

12. 贪便宜型客户

贪便宜型客户对优惠折扣和赠品非常敏感，通常是讨价还价的能手。他们精打细算，见便宜就占，有时候会买一些优惠但不实用的产品。销售总监在接待这类客户时，应该围绕产品的性价比做文章，让他们觉得自己占了便宜。

拜访客户前，先牢记销售程序

拜访客户是销售中最关键的环节。能否取得客户的信任，促使他们做出购买决定，取决于你是否用心销售。销售没有绝对正确的方法，只有合适的方法。一次成功的销售包含了一些必不可少的因素。为了取得成效，我们在销售过程中必须遵循以下程序。

1. 让自己精神饱满

如果客户面前出现的是一个精神不振的销售员，他们一定巴不得快点结束对话。所以，销售员应当努力让自己处于精神饱满的状态。我们自己没有高涨的情绪，又怎能调动客户的情绪呢？连自己的情绪都管理不好，说明从思想上没把销售工作当回事。

2. 做好会见客户的准备

优秀的销售员每天早上醒来想到的第一件事，就是准备拜访客户。要想在销售工作中占得先机，必须做好充分的准备。客户身心俱疲之时，并不想听到我们的产品或服务的信息。除非我们能激发他们的好奇心，或者引发他们思考。我们的发言必须简短、准确、有力、直中要害。为了做到这一点，我们必须下功夫好好准备发言提纲，复习客户资料，做好一切准备工作。

3. 交谈时先热身

不要一上来就向客户发问，试图发现他们的需求。这样做太突兀，客户还没对我们产生信任，当然不会给我们好脸色。我们在交谈时应该从热身开始，通过释放善意来建立与客户的信任基础。简单说，就是先寒暄，先交朋友，再提问题，再谈生意。

4. 表达意图

我们应该让客户了解销售流程的概况以及我们有何目的。销售总监应该给客户一个议程表，讨论一下彼此的期望值。这样可以把双方的会谈过程明确化，有助于消除彼此的紧张情绪，还可以展示销售总监的能力和诚意。如果缺少这个步骤，客户就会认为我们的拜访将打乱他的工作、生活节奏，仿佛被我们牵着鼻子走。

5. 发现问题

这个步骤的核心是“发现客户心里在想什么”。不要迫不及待地推销自己的产品。客户握有是否购买的决定权，我们事实上只有“建议权”。通过5W询问法，即询问是谁（Who）、什么产品（What）、何时（When）、何地（Where）、为什么（Why），我们就会了解客户的真实感受，发现他们的需求点。

6. 确认发现的问题

这个步骤非常关键。我们要在脑子里回顾一遍客户的购买动机、提出的问题、有可能拒绝的地方，认真思考客户在哪些方面认同我们的观点。这是为了让客户知道，我们是站在他的角度考虑问题。这个步骤的另一个意义是，确认我们此前获取的信息是否准确和完整。特别是销售周期较长的时候，销售总监每次会谈开始时都应该向客户确认上次谈话的内容。

7. 展示产品

在这个步骤中，销售总监要展示样品，说明产品的使用方法。这就是根据客户心里的想法来给出明确的答案。这样可以让客户知道我们的产品是如何帮他解决问题的，从而产生购买的冲动和迫切感。

8. 发出购买要约

这是销售程序中的最后一个步骤。销售总监应该拿出田径运动员最后冲刺的劲头来做好最后一步工作。当我们谈到价格，发出购买请求前，我们应该征求客户的意见。在我们完全弄清楚合同的条款、细节之前，我们不要着急向客户发出购买的要约。

以上是销售程序的基本步骤。无论什么样的销售，都是围绕这些步骤展开的。我们在正式拜访客户之前，应当牢记这些内容，检查自己的准备情况，以免出现纰漏。

三级销售法：先取得信任，再谈论产品

三级销售法又叫问题分级法，是美国销售专家莎莉·列维京创建的销售方法。这种方法的特点是通过三个层级的问题来逐步深入了解客户的情感和需求，弄清楚他们决定购买或不买的真正原因，在友好的交谈氛围中找出客户的购买动机，再按照他们的需要进行推销。三级销售法最大的优点是能取得客户的信任。一旦客户信任我们，交易如同顺水行舟。

1. 三个层级的问题

（1）第一层级问题：询问事实

例句：您此前使用过同类产品吗？

询问与客户相关的事实，目的是弄清客户的现状。这个层级的问题不会直接促进销售，只是为第二层级的问题做铺垫。

（2）第二层级问题：询问情绪

例句：您觉得现在有必要购买相关产品吗？

询问客户当前对产品或服务持什么态度，以便进一步接近客户的核心情感需求。这个层级的问题有承上启下的作用，能让我们更接近最终

目标。

（3）第三层级问题：询问情感

例句：您为什么觉得这类产品很重要呢？

我们通过提问来发现客户更深层次的情感需求。客户回答得越详细，他们的购买愿望也就越强烈。我们就能据此找出决定客户是否购买产品的动机。我们为客户提供产品，就是在满足对方的某种需求。

2. 如何引导客户回答第三层级的问题

销售总监要学会精准提问，启发客户从不同以往的视角看待自己的生活和事业。在提问时可以采用以下思路。

（1）寻根究底问原因

是谁、是什么、在何时、在何地之类的问题，还处于第一层级询问事实的阶段，客户的思考当然也只是停留在第一层级。只有提问“为什么”时，我们才能将客户引导到第三层级。

（2）循循善诱问细节

主要使用“能再给我讲细一点吗”和“接下来发生了什么呢”之类的话语，深入询问细节。如果客户愿意分享，我们将听到很多意料之外的具体细节，其中很可能包括可以促成交易的情感因素。

（3）了解客户生活的侧重点

我们应该问客户：“生活中最重要的事情是什么？”但这种问题不宜过于直白，可以先询问客户生活中有哪些侧重点，通过询问一组生活细节的问题，找到客户最在意的东西。这样我们就能发现客户的核心需求，并将其与我们的产品联系起来，最终让客户愿意购买。

3. 三级销售法的常用提问模板

（1）针对客户的第一层级的问题

◎您以前参与过这类产品或服务吗？

◎您现在使用的是什么产品？您使用的是哪家的服务？

◎您喜欢产品或服务吗？

◎您经常使用吗？

◎您使用过多少次？

（2）针对合作商的第一层级的问题

◎您在公司工作了多长时间？您创办公司有多久了？

◎您现在使用什么培训机制？

◎您使用什么样的绩效制度管理和考核员工？您还考核其他内容吗？为什么这样考核？

◎您手下有多少员工？公司的年营业收入是多少？

◎您的团队销售渠道畅通吗？

（3）第二层级的问题

第二层级的问题紧跟着第一层级的问题，没有特别固定的句式，要根据客户的回答灵活应对。通过第二层级的问题，我们可以让客户更多地介绍自己的情况，从而过渡到更深层次的第三层级的问题。

（4）第三层级的问题

◎您为什么对这个产品感兴趣？

◎为什么您现在有这方面的需求？

◎在度假时，什么事情对您非常重要？

◎还有其他您没有实现的目标吗？

◎为什么购买一份保险对您很重要?

◎您为什么想把自己的家重新装修一遍?

◎如果有富余的钱，您打算做什么?

◎您为什么要换一份新工作?

◎这个问题对您个人有何影响?

◎就您现在的工作岗位而言，您有什么需要完成的目标?

提高客户满意度，销售才做得顺

客户满意度是一种主观心理感受，主要受“情感”与“认知”两个因素的影响。情感因素指客户是否喜欢该产品，认知因素指客户对产品价值的评估。

客户刚开始对产品了解不多，更多凭借情感因素来消费。有些公司推出怀旧主题或亲情主题的营销活动，就是在充分利用情感因素。当客户使用产品和服务后，认知因素就成了影响消费决策的主导力量。

客户满意度的形成是一个动态过程，每次消费体验都会改变客户的满意度。假如拥有多次良好的消费体验，客户满意度就会上升，形成品牌忠诚度。一旦公司服务不佳，客户的满意度就会迅速下降，甚至全部消失。

1. 客户满意度评价模型

客户满意度评价模型主要包括以下六个要素。

（1）感知价值

感知价值对客户满意度的影响最为直接。客户在权衡消费决策的利弊后形成的价值判断就是感知价值。感知价值包括对“收获”的感知，如产品使用价值、服务舒适度、相关技术支持等收益；还有对“付出”的感知，如购买产品的价格、物流配送成本、设备安装成本、订单处理成本、产品维修成本以及产品失灵或服务不佳等代价。

（2）感知质量

感知质量包括产品质量与服务质量，对感知价值的影响很大。产品质量对客户的影响不必赘言。营销专家把服务质量具体细分为服务互动质量、服务结果质量、服务环境质量。服务互动质量与服务结果质量对客户满意度的影响效果非常直接。服务环境质量对现有客户的影响不太明显，但对潜在客户的影响很大。

（3）客户期望

客户对产品或服务品质的期待就是客户期望。客户期望是客户在正式接触产品或服务前的主观想法。这个期望值是一个对比标杆。当客户的感知价值与感知质量高于事前的期望值时，客户就会感到满意。如果事前期望高于感知价值和感知质量，客户就会对产品或服务感到失望，满意度变成负值。

（4）总体客户满意度

总体客户满意度是客户在感知价值、感知质量、客户期望等要素共同影响下产生的综合评估结果。客户对销售员和公司品牌是否满意，主要看这个指标。

（5）客户抱怨

当客户满意度低于客户期望时，客户就会产生抱怨情绪，对产品和服务提出批评。

（6）客户的忠诚度

当客户满意度高于客户期望时，客户就会提高对产品品牌的忠诚度，乐于接受企业更多的产品和服务。

在客户满意度模型中，客户抱怨与客户忠诚是客户满意度发生变化后的结果。销售总监不仅要善于推销产品，还应该重视维护客户关系，尽可能地提高客户对自己和企业的满意度。这对个人业绩与整个公司竞争力都有很大帮助。那些以客户需求为导向的公司，更要把提升客户满意度作为销售工作的重中之重。

2. 提升客户满意度的要点

（1）树立客户满意度管理意识

企业在给各级员工培训时应该大力灌输客户满意度管理观念。客户满意度管理工作不只是简单地浏览客户差评意见，还应该重视对客户数据的采集、整理以及分析，找出让广大客户感到不满的地方。公司还应该定期选调员工组建客户满意度管理小组，根据客户满意度评估结果与客户协商改进措施。

（2）不断改善服务体系

从员工的角度说，改善服务就是客服人员要加强服务质量，销售员也应锻炼服务补救能力。从服务内容的角度说，服务环境个性化、服务结果高效化、服务互动人性化、服务补救配套化是提升服务质量的四个努力方向。前三者重在事前提高客户的感知质量与感知价值，服务补救重在事后减少客户抱怨。服务体系是企业制度的一大支柱。企业在研发新产品的同时，也要不断升级服务体系，这样才能增加各类客户的满意度，并且把更多潜在客户转变为忠诚客户。

（3）把客户满意度纳入绩效考核

客户满意度关系到整个企业的生命力，只有全公司上下共同配合才能做好，而不只是客户服务部门一家的事情。为了让全体员工真正重视这个问题，公司应当把客户满意度纳入销售部门的绩效考核当中。销售员应该时时留意客户对公司产品和服务的看法，以便在客户满意度下降时尽快采取补救措施。

第六章

了解客户行为心理学，销售才能抓准重点

客户的购物行为背后隐藏着很多细微的心理活动。同样是购买某个商品，男女老少具有不同的消费动机。如果能充分把握各类客户的购物心理，我们在销售过程中就会如虎添翼。对销售总监而言，了解客户行为心理学的意义更为重大。特别是在策划专题营销活动时，我们必须抓准目标客户的购物心理，这样才能充分激发他们的消费热情，进而大幅度提升销售业绩。公司才不至于在投入大量人力、物力、金钱、时间等宝贵资源后，落得个竹篮打水一场空的结果。

客户购物的七个核心需求

客户的言行千变万化，表面上没有规律可循，然而，当我们抽丝剥茧，透过层层现象观察时，我们就会发现，许多看似相悖的客户行为，说不定包含着相同的动机。进一步说，客户需求并不是凭空产生的，其背后都隐藏着某种核心动机。只要了解了这些核心动机，销售总监就能弄清客户的真实需求，开展精准营销。

下面是对客户影响最大的七个核心动机。

1. 追求安全感

逃离危险、奔向安全是全世界所有消费者的共识。大到国防工程、医疗服务，小到防盗门和监视器，都是人们为了追求安全感而创造的。毫不夸张地说，自我保护的需求是没有止境的。如今，很多商家的营销策略都是“贩卖焦虑”，通过给大众制造焦虑，让他们为了增加安全感而花钱。比如，金融理财领域的理财师总是在给大众灌输“未来生活需要保障”的理念，激起大众的投资欲望。

2. 追求舒适和愉快感

追求舒适和愉快感，也是人们的共同天性。人类很多伟大发明也是基于这个动机产生的。层出不穷的智能化产品，大大方便了我们的生活，让“懒人”高枕无忧。丰富多彩的娱乐产品，给压力越来越大的现代人提供了宣泄情绪、调节精神的途径。吃喝玩乐是必要的生活调剂。假如这些需求没得到充分满足，我们就会觉得生活不堪重负。

3. 获得认同感

由于具有品牌效应，因此，商品附带的意义往往超过了实用价值本身，而成为一种身份的象征。购买特定的商品，也因此成为消费者获取身份认同感的重要手段。比如，有车有房有苹果手机（iPhone）是高收入“成功人士”的标配。尽管很多消费者并不属于高收入群体，但他们通过高消费试图让周围人觉得自己是个有头有脸的“成功人士”。这种认同感在不同的人身上有不同的表现，但对他们而言，满足这种需求才能让自己的人生变得有意义。

4. 改善人际关系

缺乏良好的人际关系会让人们产生孤独感和焦虑感。研究表明，良好的社交能让我们更快乐、更健康，也更有成就感。社交媒体的强势崛起就是这种社会需求的最好证明。尽管很多人认为社交媒体增加了焦虑，并没有减少孤独感，但我们的生活已经离不开这种便捷的社交工具了。

5. 保持身心健康

随着生产力的发展，人类平均寿命越来越高。但快节奏、高压力的生活方式也让人们的亚健康问题越来越严重。养生保健类产品、课程、机构也因此越来越多。我们每天都非常疲劳，为了工作透支身体，脑子里装满了还没有做完的事情，焦虑在不断增加。健康是人类永恒的追求，没有健康就没有安全感，人就失去了快乐。也就是说，满足这个消费动机就能顺便满足其他几个消费动机。

6. 追求某种理想

高远的理想是美好之物，但现实往往残酷，让人们屡屡求而不得，倍感痛苦。有些商家的营销手段，就是以畅谈“理想”为切入点，通过把产品和客户的某种理想结合起来，让他们认为生活正沿着自己规划的方向前进。这样一来，客户就有了强烈的购买动力。比如，减肥、美容、健身等，都是在向客户描述一种“理想”，让他们乐于花钱、甘于吃苦。

7. 提升自我

提升自我也是一种常见的消费动机，具体表现在教育培训领域。消费者可以通过购买教材、课程或者聘用指导老师，让自己获得某方面的专业培训，增长知识和技能。在今天，知识付费时代来临逐渐成为互联网行业的共识。许多商家都在尝试有偿知识服务，以满足大众对知识的需求，也就是对提升自我的需求。

男性客户的购物心理

大部分男士都觉得陪女伴逛商场是件累心的事情，这是因为男性和女性的购物习惯存在巨大的差异。我们分别让一位男士和一位女士去采购同一件商品，观察两个人的行动路线就会发现很多不同点。

1. 男性客户购物时喜欢快刀斩乱麻

男性客户通常会找到一条最短的路线，径直走到相关展台取走商品，迅速完成交易，运动轨迹简单而明确。女性客户则不然，进入商店后会先四处逛逛，最后才会走向那个展台。她们在逛商场的途中可能会临时买一些计划之外的东西。

造成这种差异的原因是留在我们基因中的远古时代记忆。远古时代的男人主要负责打猎，他们的目光专注于猎物，而不太关注其他事物。远古时代的女人主要负责采摘野果和野菜，她们需要通过甄别和比较来选择更好的食材。

时至今日，男性客户在购物时依然保持着狩猎者的天性。男人的购物兴趣普遍低于女人，而且在整个购物过程中并没有太多愉悦感。女性客户就算在商场闲逛一整天什么都不买，心情也会很愉快。对这种把逛商场购物当成放松的心理，男性客户缺乏共鸣感。

男性客户也会货比三家，讨价还价，但仅限于自己真正要买的东西。他们中的大多数人不喜欢咨询销售员，而是喜欢自己从网上搜集资料，自己在商场里找目标商品，找到了就马上试用，对销售员喋喋不休的推荐基本上提不起兴趣。不过，美国消费行为学家帕科·昂德希尔的研究成果显示，65%的男性客户在试穿后会购买自己选择的衣服，而购买试穿衣服的女性客户仅有25%。也就是说，大部分男性客户开始试用商品时，就已经动了要买的念头。假如他们最后没买，最大的原因就是商品用得不顺手。

随着时代的发展，男性客户的消费观念也在改变，但基本作风变化不大。他们依然缺乏女性客户逛商场的耐心和乐趣，也不容易被劝说购买更多的商品。不过，男性虽然不爱逛商场，却喜欢扮演付账者的角色，因为这能让他们感到很有面子。

2. 购物环境应该让男性客户感到放松

当男性客户和女性客户一同购物时，后者是消费决策的主导方，前者负责拎包和付账。如果能让女性客户在商场停留更长的时间，商家就有望获得更多业绩。这在很大程度上取决于女性客户的男伴有多少耐心。假如购物环境能让男性客户感到放松，或者有他们真正感兴趣的东西，就可以让他们也享受到购物的乐趣。

有头脑的商家为此总结了三个办法。

（1）在女性用品展区附近设置男性客户等候区

女同胞试用商品的次数远多于男性，跟销售员交谈时间更长，在反复权衡后也不会迅速做出决定。这点让目睹整个过程的广大男同胞感到不耐烦。设置男性客户等候区，让他们坐在能被女伴随叫随到的位置上休息，看看大屏幕电视播放的节目，他们有了打发时间的活动，就不会嫌等待时间过长了。

（2）把男性最喜欢的商品展区设在女性用品展区旁边

男性客户把注意力放在选购商品上，可以在女伴选好商品之前满足自己的需求。这样一来，他们就不会认为自己是在浪费时间陪人逛街，而是高效利用碎片时间完成采购目标。双方所在的展台相距不远，能保持及时联络，谁也不会觉得时间难熬。

（3）把男性喜爱的商品配套出售

男性客户喜欢目标明确的购物方式，如果能一网打尽所有自己喜爱的商品，不必在不同的商店里来回跑，则无疑是最理想的。为此，有些商店设置了“男士健康用品”专区，除了各种商品外，还搭配了相关书籍。该促销策略就是抓准了男性客户的这种消费心理。

女性客户的购物心理

任何有头脑的商家都会把争取女性客户放在战略高度。因为女性是天生的“购物狂”，消费热情远远超过男性。美国销售专家帕科·昂德希尔曾经调侃道:“如果零售商或厂家不能满足女人的要求，那就有可能被女人扔进达尔文的‘垃圾箱’，像恐龙一样从地球上消失。”

1. 女性客户的购物时间变化

美国零售专家曾经对一家全美家居用品连锁店的女性客户消费状况进行统计，发现女性客户在不同状态下的购物时长存在明显的差异。

购物状态	平均购物时间长度
独自行动	5分2秒
在成年男性陪伴下购物	4分41秒
带着孩子购物	7分19秒
在女性陪伴下购物	8分15秒

俗话说“男女搭配，干活不累”，但购物是个例外。成年男女结伴反

而拉低了女性客户的平均购物时间。女女结伴的平均购物时间最长。根据调查，客户在商场内停留时间越长，消费往往越多。这点在女性客户身上体现得最为明显。因此，有些精明的商家极力鼓励女性客户带上闺密一同逛商场，绞尽脑汁延长她们在商场里的停留时间，这样就有望让她们买走更多的商品了。

2. 女性客户对购物环境要求更高

对男人而言，购物就是购物。但在女人看来，购物不只是购物，也是一种减压途径，更是一种社交方式。如果没有严格的时间限制，两名女性一起购物，在消费过程中不断聊天，买完新款衣服再去咖啡馆中场休息，休息够了就去其他商店继续逛。她们花费的金钱与时间都会比独自购物时更多，会给沿途许多商家带来效益。从这个意义上说，女人才是真正了解购物哲学的消费者。

不过，正因为如此，女性客户比男性客户对购物环境的要求更高。男性客户更在意要买的商品，通常不太留意购物环境的细节。女性客户则不然，她们需要一个可以慢慢探索的购物环境，以便自由自在地四处走动，按照自己的喜好来购物。为此，销售总监应该记住以下几个经验。

（1）她们不喜欢拥挤

女性客户希望购物环境比较宽敞，不至于在闲逛的时候跟别人撞到。假如走几步就要避让行人，她们就会失去购物的耐心。所以，购物的空间应该足以让她们顺畅地自由走动。

（2）她们需要不被打扰的“保护区”

女性客户比男性客户更喜欢试用产品。男性客户试用后通常会买，而女性客户试完之后会再试别的产品。这点在化妆品区尤为明显。她们需要一个不被别人打扰的试妆空间，跟往来的行人完全隔绝。如果缺少这样的

“保护区”，她们的购物兴趣就会降低。

（3）她们喜欢从容不迫的购物环境

女性客户购物前会反复查验和分析商品。她们不像男性客户那样喜欢马上做出决定，而是更习惯挑挑拣拣，再三权衡。购物环境最好能让她们有充分的时间来考虑要不要买。那些必须赶紧做决定的场合，会让女性客户失去购物的乐趣。

（4）她们喜欢感性的氛围

女性客户容易被感性的氛围打动。如果购物环境的装饰风格可爱、温馨，让人感到充满活力，她们就更加乐于消费。因此，商家在设计购物环境时，应该让女性客户体验到一种有人情味的购物氛围。

（5）她们讨厌喋喋不休的导购员

女性客户喜欢自己挑选和试用商品，把决定权控制在自己手中。她们需要思考的空间，如果导购员一直在耳边喋喋不休，就会打断她们的思路，女性客户的情绪就会变坏。因此，导购员应当控制表达欲望，当她们向你提问时，你再提供相关参考信息，让客户自己选择。

（6）她们希望听到让自己更为自信的话语

导购员应当知识丰富、善于指导且能激发女性的信心。如今的女性客户需求越来越广泛。随着男女平等意识变得越来越强烈，女性客户对一切带有“男权社会”特征的东西都会感到厌烦。任何聪明的商家都不应该忽视女性客户的这种感受，还用老眼光去看待她们。新时代的女性客户有更强的消费能力与消费欲望。她们消费的目的是让自己过得更开心，活得更自信。所以，销售总监在策划女性用品营销活动时，应该以激发女性客户的自信心为宗旨。

老年客户的购物心理

世界上许多国家已经进入了老龄化社会，我国正朝着这个方向发展。随着老年客户的数量日益增加，老年消费市场不断扩大。他们的市场需求尚未得到充分满足。未来的老年客户不再是那些习惯节衣缩食的低消费型客户，而是乐于享受、追求时尚的高消费型客户。任何有远见的销售总监都应该关注老年消费市场，认真研究老年客户的购物心理。

1. 老年客户的特点

大多数老年客户已经退休，拥有较多的积蓄，具备较强的消费能力，逛商场的时间也更为充裕。但由于子女工作繁忙且离家独立，他们更容易感到寂寞和忧伤。老年客户为社会贡献了一辈子，应该在晚年享受清福。他们不仅在物质生活上应该有更好的保障，在精神生活上也应该得到更好的满足。我们应该多多为老年客户着想，改善他们的购物体验。

老年人的身体素质全面衰退，视力、听力、触觉、味觉、理解能力、记忆能力都弱于中青年客户。他们的购物过程要曲折得多。可惜大多数商场的布局设置，都没考虑到老年客户的需求。

人在50岁时的视网膜要比20岁时的平均少接收1/4的光线。如果广告和标签的字体太小，店内光线又太暗，老年客户看东西就会很吃力。老年客户的腰腿不便，产品摆放位置过低会增加其弯腰次数，摆放位置太高会增加其伸展肢体的次数。这些动作会让他们感到吃力，大大阻碍了购物进程。

2. 适合老年客户的购物环境

销售总监要学会换位思考，根据老年客户的生理特点来调整购物环境。以下几个改进方向值得注意。

（1）合理调整产品的摆放位置

摆放的老年用品，应该让老年客户能用最轻松的动作拿到，绝对不能增加他们的弯腰、下蹲、伸展次数。试想一下：当你年逾花甲，去商店购买助听器的电池时，你却发现它被放在旋转货架的最底层，你不得不强忍腰肌劳损和关节炎带来的痛苦，艰难地蹲下去拿电池，再费力地直起身子，该是什么心情。所以，老年用品必须放在便于拿取的位置，以减少老年客户不必要的痛苦。

（2）较重的商品放在便于搬运的位置

体积较大或分量较重的商品，应该放在购物车顶端的高度，让客户能直接从货架上轻松搬下来，而没有下蹲或踮起脚尖之类的多余动作。所有年龄段的客户都希望能更轻松地把商品搬入购物车。便利性是提升客户购买兴趣的关键。这对老年客户来说尤为重要。

（3）提示方向的告示牌不能少

现在的商场、超市、购物中心的面积越来越大，布局越来越复杂。老年客户随着年龄的增长，方向感会有所下降。他们可能会在购物中心里迷路，不知该从哪里走出去，或找不到自己要去的展区。我们当然希望客户在商场能多停留一段时间，但停留的理由应该是对别的商品也产生了兴趣，而不是分不清东西南北，否则会给老年客户带来很不愉快的感受。

（4）设置等候区

老年客户的体力不如中青年客户，很容易感到劳累。如果想让他们在店里多待一段时间，就必须在店内分散设置多个等候区，让老年客户走一段距离就能休息一阵，而且椅子要做大一些，让他们能方便地坐下去和站起来。老年客户有时候会带家人一起购物，等候区比较舒适的话，他们会很喜欢。

（5）教老年人使用自助服务设备

应根据老年人的视力和手指灵活度来设计自助服务机器，以便让老年客户能轻松完成操作。同时还应该安排服务员耐心指导不熟悉设备操作方法的老年客户，让他们对公司产生更高的信赖感。

总之，老年购物大潮离我们越来越近。每个人都会有老去的一天，而我国的老年人平均文化程度越往后越高，他们年轻时就生活在互联网时代，到了年老力衰时更加依赖智能化产品。我们应该多多开发便于老年人使用的智能产品和时尚产品，把购物环境改造得更加人性化。

少儿客户的购物心理

孩子虽然没有收入，但他们是不容忽视的消费群体。母婴用品、儿童玩具、少儿图书、童装、游乐设施等都是在赚孩子的钱。尽管付账的是大人，但挑选产品和服务的是孩子。即使是那些不专做儿童生意的商家，也不可忽视孩子的影响力。因为现在的孩子能识别多种品牌，对大人的消费活动有直接影响；所以，少儿市场是销售总监必须关注的重点。

1. 商店不能忽视孩子的存在

美国消费行为学家帕科·昂德希尔在商场做市场调查时注意到了几件事。

第一，如果商店内部的通道不足以让一辆婴儿车通过，带着婴儿来购物的父母就会减少购物时间。假如商店有自动门、宽阔的走廊和无障碍通道，带孩子的父母就会在商店里停留更长时间。

第二，很多商店布置展台时没考虑孩子的感受，把孩子们喜欢的东西放在不容易找到的地方或者他们够不着的地方。这样一来，孩子们就不会喜欢在这里买东西。

第三，父母跟销售员交谈时，不得不分散注意力去管孩子，让对话屡屡被打断。他们希望有人能帮助自己转移孩子的注意力，让孩子不打扰自己做事，同时也不在商店内到处捣乱。

第四，孩子最终能否买到自己想要的东西，取决于父母的态度。如果父母死活不愿意买，孩子也没办法。假如商家过多引诱孩子消费，激发他们对产品的占有欲，孩子的父母反而会感到苦恼。大人通常会避开零食通道和玩具展区，以免孩子狂喊乱叫、要这要那。

2. 吸引孩子的注意力就可以带动家长消费

很多家长带孩子出来购物时，通常是拿了想买的东西就立即离开。但孩子好奇心强，注意力不集中，很容易被商场过道里的某些细节吸引。大人可能觉得这没什么意思，但孩子因思维方式不一样，会变得兴致勃勃。

美国零售专家曾经在一家商店里做过调查，零食通道地板上的方格会吸引一些小孩子玩跳房子游戏，他们会因此在商店里平均多待14秒。14秒看似短暂，但孩子的父母们在零食货架前停留这么长时间，很难不去顺便看看有什么可以买的零食。

因此，想办法吸引孩子的注意力，可以让家长的购物兴趣无意中增加。有些商店会特意布置一些孩子喜欢的小东西，延长他们的停留时间。家长为了等待孩子游戏结束一起回家，可能会购买更多东西来打发时间。

3. 儿童商品的陈列技巧

孩子们矮小且容易受伤，缺乏自制力和自我保护能力，一不小心就会受伤或闯祸。为了改善客户的购物体验，避免孩子惹祸，销售总监在陈列儿童商品时应注意以下几点。

第一，把商品放在他们一眼就能看到、伸手就能够着的位置，不能按照大人的视线高度来陈列。

第二，要防止孩子们乱摸危险的东西。比如对电源插座、有尖棱的货架、电话、花瓶、刀具、带尖角的商品、易碎的展品等物品，都要做好警告牌，最好能放在孩子们够不到的地方。

第三，给孩子们设置一个专门的活动区，让他们能安全地玩耍。孩子把注意力集中在游戏上，就不会到处乱窜。家长也能从中解放出来，把看管孩子的精力放在选购商品上。需要注意的是，这个活动区的位置要合理，应该能确保家长一抬头就能看到孩子的一举一动。此外，应注意把不同年龄段的孩子隔在不同的区域，以免发生大孩子欺负小孩子的情况，造成双方家长的冲突。

总之，销售总监应该重视儿童和青少年市场，采取一些吸引孩子的促销手段，同时注意保护孩子的安全。当家长认为商店对孩子很友好时，他们就会经常带孩子来消费，这比家长独自来消费带来的效益更大。

第七章

把各方面都协调好的总监沟通术

上得领导支持，下得员工拥戴，与公司其他部门精诚团结，与外部的各渠道商相互信任，只有做到这种程度，销售总监的宏伟蓝图才能落实到位；否则，每个环节都会碰钉子。作为销售团队的领导者，销售总监必须具备过人的谈判沟通能力。我们应当能够通过倾听和提问来了解对方的想法，找到问题的关键点，掌握对话的节奏，从而达到良好的沟通效果。我们应该在听、问、答三方面下足功夫，同时还得注意非语言因素对交流的影响，这样才能更好地把我们的意图付诸实践。

沟通始于倾听，倾听有三个维度

没人会否认倾听的意义，但我们真的理解“倾听”的含义吗？从心理学的角度来看，“听”只是一种消极的接受行为，对方可能听进去了，也可能左耳进右耳出。“倾听”则是一种积极的认知行为，是主动去了解对方的内心、精神、情感和观念。

1. 倾听的三个维度

我们在倾听客户的意见时，不要急于做价值判断，而应该去感受他们的忧虑、期望和需要。除了用耳朵听之外，倾听还需要用眼睛看，动脑筋思考，调动所有的感官去捕捉信息。

人们口头表达的内容跟内心的真实想法未必一致，但一定是相互交织在一起的。我们在沟通过程中，实际上是以三种语言方式来表达自我。

◎已说之话——对方说出口的内容。

◎未说之话——对方没有说出口的内心感受。

◎不可说之话——对方在潜意识的支配下无法表达或者自己没注意的内容。

无论是客户还是你自己，都会在每一次交谈中运用这三种语言中的其中一种。倾听也因此被分为三个维度，后一个维度的倾听比前一个维度的更加深入，沟通双方的信任度也随之递增。

（1）第一维度：倾听已说之话

这个层次的倾听只是在听出口之言，而没注意肢体语言等信息。客户对我们不算太信任，想早点结束对话，具体的表现如下。

◎老是因身边其他事情走神。

◎不停地看表或手机。

◎时不时打断我们的话。

◎坐立不安。

◎回避进一步的话题。

（2）第二维度：倾听未说之话

这时候，我们已经开始注意到对方的肢体语言和情绪变化，耳朵和眼睛并用。我们鼓励客户多说，客户也感受到了我们在认真听，从而吐露更多的信息，具体的表现如下。

◎积极回复我们的问话。

◎对我们说“请再说具体些”。

◎身体前倾，竖起耳朵仔细听。

◎跟我们有眼神交流。

（3）第三维度：倾听不可说之话

此时的我们已经全身心地投入交谈中。我们和客户的注意力都高度集中，双方仿佛在“同频共振”。对方畅所欲言，而我们感同身受。具体的表现如下。

◎双方深入讨论，有较长时间的沉吟但没冷场。

◎对方点头表示同意。

◎我们对答如流，跟上了对方思维的节奏。

◎我们能够感觉到自我情绪的变化。

◎我们能够体会对方的具体感受。

当我们进入第三维度的倾听时，客户已经完全信任我们，离交易成功不远了。

2. 倾听能力自我检查表

以下是倾听能力自我检查表。请根据你的日常表现来逐条对比每一项，做到了的就在括号里打“√”，没做到的就打“×”。得到的“√”越多，代表你的倾听能力越强。

（　）①当有人不同意你的意见或者说了你不爱听的话时，你不会置之不理。

（　）②即便你不感兴趣，你也会关注对方说的话。

（　）③对于与你语言风格不同的人，比如，语速快、说话慢或者满腹牢骚，你能够保持耐心。

（　）④你即使觉得自己知道对方接下来要说什么，也会继续认真。

（　）⑤你不会无礼地反驳客户的异议。

（　）⑥当你听到客户表明自己的购买意向之后，你依然会热情服务，不让客户的意向有所动摇。

（　）⑦对于客户刚说过的话，你会用自己的话复述一遍。

（　）⑧当对方说话的时候，你会真诚地看着他的眼睛。

（　）⑨你知道客户是“话里有话”，而非只关注他说的字面意思。

（　）⑩你知道客户的哪些话会激发你的兴趣。

（　）⑪你知道自己的哪些话会激发客户的兴趣。

（　）⑫你会选择最佳时间来表达自己的观点。

（　）⑬当对方发言的时候，你不会让自己思想游离。

（　）⑭你会允许团队里的其他成员表达自己的看法和感受。

（　）⑮如果有人提出一个你不熟悉的词语或概念，你会去认真地询问它的含义。

（　）⑯当你不愿意继续听对方讲话时，你也会保持礼貌听他说完。

（　）⑰你不会带着批判或判断的态度听对方说话。

（　）⑱你愿意敞开心扉去请客户谈谈他对你的产品不满意的地方。

（　）⑲你会在听的过程中思考怎样才能达到交流的目的。

用“三点式”表达法来陈述

销售总监职能多、工作忙，需要简明扼要的沟通方法。“三点式”表达法是一种简明有效的方法，其对话技巧有：用三个理由表明态度，用三个步骤阐述观点，列举三类案例进行论证，用三个视角做对比。这四个“三”结合起来就是“三点式”表达法。

1. 用三个理由表明态度

沟通包含了内容、编译、传达、解析四个基本要素。内容就是你想表达的观点，编译就是把这个观点转换成语句，传达就是通过对话来展示这个观点，解析就是对方解读你传达的观点。传达是沟通中的关键环节。我们需要表明自己的真实想法，但啰唆的表达方式不利于传达。

根据大脑结构的特点，人们通常只能无意识地记住三件事，超过三件事就需要有意识地记忆了。说明并不是越详细越好。如果说明过于详细，沟通对象很难在对话中马上理解我们想表达的内容，他们可能过后仔细回味时才能琢磨明白。这会导致沟通效率下降。如果我们能只用三个理由来表明态度，就能让对方更轻松地记住和理解。我们在对话中一定要牢记，让对方理解起来更轻松的表达方式才是高效的交流方式。

2. 用三个步骤阐述观点

可能我们也有过这样的经历：一开始有兴趣去听别人讲话，想知道“他在说什么”，听着听着，脑子里产生了诸如“所以呢”“然后呢”的疑问，最后不耐烦地抱怨“你到底想说什么”。对方的发言前置内容太多，消磨了我们的时间，却半天不提结论。这样就迫使我们不得不花更多的精力去思考对方的真实意思。面对这样费时费力的沟通，发牢骚是常态，不发牢骚是修养好。

我们很少有耐心听长篇大论。如果不能在最短的时间内表明自己的观点，听众就会感到厌倦。其实，客户和员工更希望我们直接告诉他们“你希望我怎么做”或者“你的结论是什么”，而不是从一个不知所云的开头慢慢兜圈子。这时候，销售总监可以按照“结论—理由—结论”三个步骤来阐述观点。

如果我们先说结论，则对方无论是否持赞同态度，都想弄清楚我们的结论有何依据。这样一来，我们就能继续说下去了。说完理由后再次陈述结论，对方会心想“原来如此”，然后记住这个结论。

一个常用的技巧是，先说“是……”引出结论，紧接着说“之所以这样讲是因为……”，在说完理由后再加一句“因此……”。

3. 列举三类案例进行论证

当人们听到一个案例时，人们会下意识地寻找“三点”：对立点、不同点、相同点。对立点能证明案例与对方讲述的内容截然相反，不同点则能让我们看清不同案例之间的差异，而相同点决定了我们是否接受对方的意见。因此，我们可以选择三个不同类型的案例来辅助说明：一个用来展示对立点，一个用来展示不同点，最后一个用来展示相同点。

列举三类案例，是为了用对比手法来增强说服力。在沟通过程中，我们应该避免干讲大道理，列举三类案例更能吸引听众。

这是因为，展示对立点的案例包含了“如果没有……我们就会……”的潜台词，让平铺直叙的道理增加了紧张感和危机感；展示不同点的案例包含了“我比别人多一个……的特色”的潜台词，主要用于突出我们的独特优势；展示共同点的案例则包含了“别人都……所以我们也应该……”的潜台词，可以让对方相信此事确实靠谱。

4. 用三个视角做对比

如果我们在谈话中能使用多个视角，就能让对方更加认同我们的观点。这种表达方式颇有挑战性。因为大部分人都习惯站在单一角度看问题。不过，角度也不是越多越好，尤其是那些立场对立的角度，过分关注它反而容易搞不清方向。

在此，我建议大家从立场、场所、时间三个视角来思考事物，根据具体的对话需要进行改变。

首先是转变关于立场的视角，把自己的立场暂时切换成对方的立场。这样做的好处是避免我们落入“站着说话不腰疼”的误区，舍弃自己的过分想法。

其次是转变关于场所的视角，把目前所处场所的视角切换到另一个场所的视角。比如，销售总监向上级提交方案前应该换位考虑其他部门和自己的部下会怎么看。

最后是转变关于时间的视角，注意讨论的内容发生在过去、现在还是未来，用发展的眼光和历史的眼光看问题。这样有助于实事求是地看清每个发展阶段的特点，提出更中肯的建议。

通过询问来掌控对话节奏

不擅长沟通的人很难把握交谈的节奏，总是被对方套出很多信息，自己却没能了解对方的情况。这样显然会让销售工作陷入被动。在交谈过程中，回答的一方总是根据提问来组织语言。也就是说，我们可以利用询问来引导对话方向，获得沟通的主动权。

1. 销售场合常用的四类问题

销售总监在销售场合常用到以下四类问题。

（1）状态问题

状态问题用于探明客户的当前状态，是销售询问的起点。销售总监在跟客户寒暄之后，往往是从状态问题开始提问的。这类问题的价值比较低，而且需要把握好分寸，提问过多会让客户感觉我们在侵犯他们的隐私。

（2）核心问题

核心问题是客户希望解决的问题，这构成了他们的消费动机。我们可以通过询问核心问题来了解客户的实际需求，并根据这些情报来推荐合适的产品和服务。

（3）暗示问题

客户承认某个问题很重要时，我们必须追问“这个问题为什么很重要”。暗示问题的价值在于引导客户发现那个问题所隐含的关键内容，察觉自己的潜在需求，从而产生购买欲望。

（4）解决问题

当我们充分了解客户的需求后，我们就可以提出“解决问题”，询问客户怎样看待这个营销方案。此时的对话焦点是讨论解决方案的利弊。“解决问题”的出现意味着谈判进入最后的关头，离成交只有一步之遥。

这四种问题间存在递进关系，我们在使用时不宜颠倒次序，否则会扰乱对话节奏。

2. 明确你的提问目的

销售总监应该明确自己每一次提问的目的。巴尔多尼咨询公司的创始人、管理咨询专家约翰·巴尔多尼总结了如下七个常见的提问目的。

提问内容的要点	提问目的
数据	我需要了解哪些信息数据？
专业性	我的水平是否足够专业？
时间点	为什么我需要现在知道这些东西？
对象	这个人／这类人是提问的合适人选吗？
引申和判断	这个问题可能会带来什么样的后续影响？
反应	听到相关答案时，我应该做出怎样的反应？
态度	我应该用什么态度去提问？

通过对照这七个提问目的，我们就可以确认当前提问的必要性，不至

于提出毫无意义的问题。

3. 注意提问的恰当性

恰当的问题指的是在恰当的时间和地点，以恰当的方式提出来的问题。提出恰当的问题有利于加深沟通。判断一个问题是否恰当的依据如下。

（1）问题有无针对性

有针对性的问题才是恰当的问题。任何缺乏针对性的问题，都是白费口舌。

（2）问题对双方有无影响

这个问题如果对我们和客户都有影响，就是恰当的问题；如果毫无影响，就是没必要提的问题。

（3）提问的原因是否合理

明确自己想要了解什么情况，而不是无缘无故地发问，这样提出的问题才是恰当的问题。

（4）问题与当前情境的匹配性

提问应该符合当前情境的需要。当该问题确有解决的必要时，它就是恰当的问题。

（5）能否得到恰当的答案

能让对方给出恰当的答案的问题，无疑是一个恰当的问题。如果问题让对方不知该从哪里答起，就是失败的询问。

4. 尽量别提“不必要的问题”

销售总监应当回避以下几种“不必要的问题”。

（1）伤人的问题

那些包含贬低、藐视、羞辱、污蔑、嘲笑等恶意的问题都可以称为

“伤人的问题”。

（2）个人隐私问题

这是一个极为重要的谈话礼仪。除非对方主动说，否则我们尽量不要刺探别人的隐私。

（3）无关紧要的问题

这些问题缺乏讨论价值，不要浪费时间。

（4）讨论不出结果的问题

具体的问题有比较明确的评价尺度，而空泛的问题讨论不出什么结果，只能让双方陷入无休止的争论。

（5）挑事的问题

不要哪壶不开提哪壶，否则会让对方感受到敌意。

（6）违背初衷的问题

违背初衷的问题会让对方误以为我们另有所图，从而产生厌恶，也不肯听我们的解释。

（7）带有偏见色彩的问题

实在要问这类问题也应该补充一句“我怀疑这个说法的可信度，所以向你求证”，以免让对方感觉自己被冒犯。

（8）对方一时答不完的问题

如果我们问的问题过于宏大，对方难以简单解释，又没有时间从头说起，对方就只好放弃回答了。

（9）歧义太多的问题

提问者的表达含糊不清，对方就不清楚我们到底想知道什么。

（10）问题中嵌套新问题

这样会让问题变得复杂，对方理解起来吃力，回答也费劲。

（11）暗示对方品行不佳的问题

比如，我们在提问中质疑对方在说谎，对方肯定会把我们当成敌人，不愿好好沟通。

把话说到对方心里去的技巧

销售员的说辞不能打动客户，是交易失败的一个主要原因。某些销售员只是在描述产品的特色，以为客户只要知道产品有什么好处就会顺理成章地购买。殊不知，客户更在意的是我们说话的方式是否值得信赖。如果我们的产品介绍不够理想，则产品再好，他们也不会马上买。把话说到对方心里去，是一门销售艺术。如果能做到以下几点，我们就离成交不远了。

1. 使用有力量感的说辞

过分谦卑的说辞缺乏力量感，会给人一种太不自信的负面印象，所以应当减少使用。说话要充满力量感，这样才能让听众感受到对话的重要性。什么样的说辞能让客户感受到力量呢？简单地说，就是那些会引起他们重视的内容。

客户最重视的是跟自己息息相关的内容。假如这些内容有直观的“感性数字”支持，他们就会很快将注意力转移到上面。接下来，我们可以引导客户想象一下失去自己重视的东西有多么可怕。他们就会意识到，此刻的选择会给自己的生活带来很大的影响。为了自己能生活得更便捷，他们一定会慎重选择。

需要注意的是，使用有力量感的说辞不等于尖酸刻薄或大吼大叫。我们应当先倾听一下客户的感想以及未被满足的需求，再向他们表达自己现在的感受。

2. 柔软对话让沟通更顺畅

除了需要让对方猛然惊醒的场合外，温柔的话语总是比强硬的措辞更得人心。假如我们使用强硬的口吻跟别人对话，很可能会激化双方矛盾，导致沟通无法进行。怎样舍弃生硬的沟通方式，使用“柔软对话”来赢得对方的好感呢？

当我们感到生气时，脑子里第一时间浮现出来的肯定不是什么好话，所以这些话绝对不能说出口。如果控制不住自己，把心中的狠话倾泻出来，就会导致对话走向无法扭转的失败。柔软对话是指那种能让人感到安心，让人冷静下来的语言。对话的技巧可能有几百种，但原理无非是“移情”。我们通过让客户“移情”，就能消解他们的对抗情绪或不安情绪，然后再好言好语地与之进行交谈。

3. 平等交流让人感觉更舒服

现代人越来越倾向于超越身份和地位的平等对话，越来越不能容忍那些居高临下、颐指气使的态度。高效说服的起点就是平等交流。平等交流其实没有太多的秘诀，最根本的是怀着一颗尊重他人的心。我们应该在自己提出的问题中陈述事实，然后在回答中加入积极的解读，通过这种方式来体现对客户的尊重。这等于给了客户一个解释原因的台阶，比直接指责对方更能体现我们的平等观念和友好态度。

4. 用幽默调节气氛

如果谈判过程中加入了有趣的讲话，客户就会听得更起劲。销售员要用幽默感把客户吸引过来，给客户留下“真是个有趣的人，希望今后还能再见面”的好印象。而毫无幽默感的对话会给客户带来压力，降低沟通的愉悦度。

需要注意的是，幽默不等于口无遮拦。不少人喜欢在调侃客户的缺点后说：“开个玩笑而已，别当真。”如果对方当场翻脸，他们会诧异地说：“你这人真是的，怎么开不起玩笑。”这样的幽默是一种哗众取宠，对客户不够尊重，客户自然不会给他们好脸色。我们在开玩笑时，应该坚持两个原则：一是尊重客户，二是紧扣主题。如果不符合这两个标准，那么我们宁可不说笑。

5. 莫逞口舌之快，不搞人身攻击

谈判并不总是轻松愉快的，有时候谈判充满了唇枪舌剑的交锋。假如销售员按捺不住火气，谈判就会上升为口角。任何一方出现攻击性语言，都会让谈判变得不欢而散。所以我们要摒弃攻击性语言，学会不逞口舌之快。当我们特别生气时，我们必须在心里告诫自己，对方不是险恶小人，是跟我们一样的正常人，不要急于宣泄自己的负面情绪，要积极地寻找双方利益的平衡点。

6. 多用比喻，让客户能轻松理解

用比喻的修辞方式来说话，可以化抽象为形象，让客户恍然大悟。因为比喻会给客户呈现一幅语言画面，它能让客户“看见”我们的想法，准确了解我们的意思。这与很多思想家在写文章时喜欢用比喻来解释那些复

杂的事物，是同样的道理。

当然，想要灵活地运用比喻也并非简单之事。有些人乱打比方，反而让客户更加稀里糊涂。我们不可以滥用比喻，最好能把自己的核心观点用比喻进行修饰，然后以此为支点来展开整个对话。

不可小觑的非语言沟通

我们在跟别人对话时，口头语言仅表达了大脑中45%的想法，而剩下的55%的想法是通过非语言形式展现出来的。非语言沟通就是前文中提到的“倾听未说之话”。我们从三个维度倾听对方，对方也在以同样的方式倾听我们。非语言沟通的重要性丝毫不亚于语言沟通。当精彩的言论与不友好的肢体语言一同出现时，对方就不会相信我们的说辞。

1. 控制肢体语言

每个人在说话时都有自己的习惯动作。这些动作大多是无意识行为，自己浑然不觉，但对方会看在眼里。有些肢体语言看起来比较顺眼，能增加印象分；另一些肢体语言则会给人不好的印象，我们要注意避免。

容易引发误会的小动作

对话时的小动作	对方的感觉
双手交叉在胸前	这体现了一种防卫心理，给对方盛气凌人和不信任人的感觉
把双手背在身后	这个动作会让人觉得你很傲慢且对谈话内容不感兴趣

续表

对话时的小动作	对方的感觉
手插在口袋里	这个动作让人感觉你态度轻浮，并且对他说的东西不以为然
把头垂下去	对方会认为这是流露内心厌烦情绪的动作
双手做祷告状	对方不清楚你到底在想什么
双手大幅度挥舞	对方可能太过在意你的手势，给出充满疑惑的答案
撩头发或掸灰尘	在对方看来，你已经对他说的内容感到非常不耐烦了

2. 适度的眼神交流

眼神交流在谈话过程中有着不可替代的作用。尤其是在对方与我们不熟的时候，他们会通过观察眼神来判断你是否真诚。假如我们总是回避眼神交流，就会被对方误以为是心虚。眼神交流的基本经验如下。

（1）不能直勾勾地盯着对方

如果用眼睛直勾勾地盯着对方的眼睛，对方就会感受到一种很强的压迫感，说话时就会不自然。对方一旦觉得你咄咄逼人或居心不良，就不肯坦诚交流了。眼神交流应该保持自然和友善的态度，让对方主动放下戒心。

（2）重视提问开始时和快结束时的眼神交流

在提问开始时跟对方进行眼神交流，能让他感受到我们的真诚；而在问题快结束时跟对方进行眼神交流，将会让他感受到我们的尊敬。

（3）不要东张西望

我们想向谁提问，就要专心致志地看着谁。即便有一些突发的小事情，也最好不要分神，因为东张西望会被对方视为心不在焉、缺乏诚意。

3. 表情要自然得体

人们会通过观察对方的面部表情和嘴唇动作来判断他什么时候停止说

话——这样就能知道现在该轮到自己说话了。但是，很多人在交谈了四句话后就开始转移注意力，表情也随之失控。如果我们的表情太僵硬，形同面瘫，就会让对方感到对话枯燥乏味。如果我们的表情浮夸多变，则会让对方觉得我们不够稳重。我们应该以自然得体的表情来与人沟通，让对方感觉我们比较和善。

4. 不要乱发泄情绪

很多人在社交媒体上能百问不倒，但在面谈时却表现平平。一个重要的原因是，双方在面谈时更容易被对方的情绪影响。善于察言观色的人，会根据沟通对象的微表情和微情绪来改变说辞。销售总监应该把自己锻炼成控制情绪的高手，以便更好地与人交谈。

（1）情绪变化时及时刹车

当我们的负面情绪快要流露出来时，我们一定要把动作放慢，暂停发言，然后扪心自问："我交谈的目的是什么？"消极情绪源于消极想法，调整情绪的关键是改变想法，朝积极的方向解释问题。把心情平静下来再继续对话，这样才能避免无谓的冲突。

（2）学会用"大我"代替"小我"

"小我"的关注焦点是"你的意见对我有什么好处"，"大我"的关注焦点则是"什么样的结果对咱们双方都有利"。"小我"假设自己一定是正确的，错误都在别人身上；"大我"视角则会假设自己的意见未必是最佳的，应该多听听别人的想法。我们应该以"大我"代替"小我"，把积极情绪的力量发挥到极致，让交谈愉快地进行下去。

第八章

新媒体时代的宣传推广，要深入粉丝用户中去

新媒体的普及扩大了信息传播的渠道，却也让无数消费者形成了路径依赖。很多人都是通过自己的社交媒体平台来获取信息的。于是，商家纷纷开通官方微博、微信公众号来扩大自己的品牌影响力。产品的宣传推广也是销售总监的日常工作之一。在新媒体时代，花重金做广告的宣传效果未必像以前那么好，宣传思路应当有所转变。销售总监也要与时俱进，熟悉互联网营销手段，依托社交媒体来与广大用户进行互动，尽力把产品用户转化为公司品牌的忠实粉丝。

培养网感，用好新媒体平台

世界500强公司纷纷抢占各种新媒体平台，以求最大限度地扩大自己的影响力，培养自己的粉丝圈。他们的新媒体营销团队借助口碑传播的力量带动销售，实现了裂变式传播。由此可见，新媒体营销是销售总监不可忽视的销售手段。想要用好新媒体平台，离不开敏锐的网感。

1. 何为“网感”

“网感”是一个很难给出精确定义的网络用语，但我们能意会其内涵。有些人的无心之语意外催生了新的网络热词，有些人随手转发一位普通网友的微博就能引发全民热议，有些人能从眼花缭乱的新闻里找出那个最有炒作价值的话题。这些都是网感好的表现。

新媒体营销团队成员必须培养自己的网感，学会抓住大众的兴趣点，通过引导话题来促进营销。这要求我们不仅应充分理解自己的品牌属性，还要熟悉人性和传播学知识。

培养网感的主要方式是每天认真研究互联网上的信息，但网感并不是上网时间长就能自动形成的。我们的兴趣爱好、关注焦点、思维方式、学习意识都会影响网感。那些懒于动脑的人，只能被动地接受热点话题，而无法预先判断出哪些是潜在的热点信息。

2. 新媒体靠内容走红

新媒体的生命尽在“内容”二字。一个新媒体平台是否能运营下去，关键在于有无大众需要的内容。大众对内容的需求有以下共性。

（1）具有原创性

原创能力在今后将越来越宝贵。各大互联网平台纷纷出台政策，鼓励优质原创内容制作者进驻平台。原创作品因个性鲜明、类型丰富而受到大众欢迎。但制作原创内容是一件烧脑的事情。

（2）语言网络化、趣味化

新媒体用户热衷于使用网络语言，形成了一套自成一体的表达方式。他们不想再看到官样文章和虚情假意的套话。所以，新媒体营销团队必须熟练掌握生动有趣的网络用语，否则不会受欢迎。

（3）内容有干货

“干货”指的是有用的信息，特别是具体的专业知识。新媒体平台上的优质内容必须有足够的干货，才能吸引真正的粉丝。

3. 销售总监要明确运营目标

销售总监在制定新媒体营销规划时，应该明确以下几点。

（1）内容发给谁看

弄清我们的服务对象是谁，明确他们需要哪些内容，思路越具体越好。公司的新媒体营销团队应该为目标客户服务。

（2）希望获得怎样的舆论反响

换言之，公司的新媒体营销团队想树立什么形象？无论我们发布什么内容，都会对互联网舆论造成不同程度的影响。我们所期待的舆论反响，就是我们要寻找的发展方向。

（3）怎样生产内容

有的新媒体主要靠自己生产内容，比如，各大报纸的新媒体平台主要发布自家的原创报道。有的新媒体则是通过分享粉丝来信、读者投稿等方式来生产内容。

（4）收益来源在哪里

不同的新媒体平台有着不一样的收益来源。公司官方新媒体则是靠公司的财政为生。收益来源决定了新媒体运营的基本方式。

4．制定内容规划和编辑日程表

同质化内容泛滥，是新媒体营销号的通病。新媒体营销团队在内容规划上应当向传统媒体看齐，尽量提高内容的深度与品质。

销售总监做内容规划时应遵守原创性、实用性、观赏性、时效性、人性化等原则。通常而言，新媒体平台应该用1/3的内容展示自己的产品、作品以及品牌，用1/3的内容来跟用户进行互动，用1/3的内容来转发热点消息或趣味知识。

在明确内容规划方向后，新媒体营销团队应该制定一个编辑日程表，让内容制作和传播变得更为规范有序。编辑日程表里应该明确新媒体运营的每一个环节，包括选题方向、内容分配比例、内容编辑负责人、内容制作周期、推广的具体日期、组织活动的具体内容、在各个新媒体平台上的宣传重点，等等。

描绘用户的显性画像和隐性画像

把产品用户的各种数据综合起来，形成一个特征鲜明的完整形象，就是用户画像。描绘用户画像是做新媒体营销的基础准备工作。用户画像可以准确地反映用户的消费需求特点，指导我们精准推送对方所需的产品和服务。

1. 构建用户画像的步骤

构建用户画像主要分为以下三个步骤。

（1）采集基础数据

销售总监既要采集宏观层面的数据，又不能忽视微观层面的数据。宏观数据包括行业数据、用户总体数据、总体内容数据等信息。数据来源主要有行业分析报告、产品前台数据和后台数据、第三方大数据分析等渠道。微观数据包括用户属性数据、用户行为数据、用户成长数据、用户参与度数据、用户点击数据等信息。数据来源主要有产品前台数据和后台数据、第三方大数据分析、公司调研、用户访谈记录等渠道。

（2）分析关键词和建模

当我们采集完所需的数据后，接下来的工作就是分析数据，把用户群体的共同要素提炼成关键词。关键词是用户群体的共同标签。透过一个个关键词，我们可以加深对用户等级、用户行为和用户贡献等信息的理解，并由此建立用户模型。需要强调的是，销售总监应该对关键词出现的频次进行排序，找出最能反映用户群体特征的共性关键词。

（3）呈现用户画像

我们现在已经给目标用户群体贴好了个性标签，只要根据相关数据描述出用户的显性画像和隐性画像，就能得到一个相对完整的用户画像了。销售总监应当以用户画像为制订宣传推广方案的依据。

2. 用户的显性画像

用户的显性画像是对用户群体的可视化特征的描述，即用户群体身上一目了然的表层特征。想要完整地描述用户显性画像，我们应该从以下四个方面入手。

（1）基础特征

◎年龄：根据用户群体的年龄段分布情况，找出数量最多和第二多的群体。

◎性别：对比男女用户在全体用户中占据的比例。

◎职业：找出用户群体中从事人数最多的职业以及第二多的职业。

◎地域分布：找出用户分布最多的地区和第二多的地区。

◎兴趣爱好：统计用户群体中参与者最多的兴趣爱好和第二多的兴趣爱好。

（2）上网习惯

◎登录的时间段：用户主要在哪个时间段登录网站。

◎登录的时长：用户每次上网的时间有多久。

◎登录的频率：用户隔多长时间上一次网。

◎影响上网的因素：用户平时上网受哪些因素影响。

（3）产品使用习惯

◎使用频次：用户多久使用一次产品。

◎使用的时间段：用户主要在哪个时间段使用产品，找出最集中的时间段。

◎使用的时长：用户每次使用产品的时间长短。

◎个人使用习惯：用户有哪些特殊的产品使用习惯。

（4）其他特征

◎了解产品信息的渠道：用户主要通过什么渠道来获取产品信息。

◎用户注册的时间：用户在什么时候注册的新媒体账号。

◎用户等级：用户在新媒体平台上的会员等级。

◎用户活跃程度：用户在新媒体平台上是否表现活跃。

◎用户分类：用户在新媒体平台上属于哪种类型。

3. 用户的隐性画像

用户的隐性画像是对用户内在深层特征的描述，主要包括消费目的、消费偏好、产品的使用场景、核心需求、产品使用频次等方面。

（1）消费目的

毋庸置疑，用户的消费目的肯定是想利用产品的某种性能来解决某种问题。消费目的的大小决定了用户愿意为此投入的成本、时间、精力。产品能否实现用户的消费目的，是达成交易的前提。

（2）消费偏好

消费偏好包括对产品品牌、产品功能、审美特点、购买数量、购买方式等方面的取舍。不同的用户群体存在不一样的消费偏好。新媒体运营者不仅要设法让产品满足用户群体的消费偏好，还得设计出一种令用户群体感到满意的服务方式。

（3）产品的使用场景

用户是在家里还是在其他场所使用产品，也是我们必须调查清楚的一个重要问题。在不同的应用场景下，用户可能会表现出不一样的特征。

（4）核心需求

用户的消费目的对应着某个核心需求。他们的需求可能是追求产品的使用价值，也可能是为了获得炫耀性消费的心理满足。调查目标用户群体最核心的需求，是销售总监赢得市场的关键。一旦核心需求被抓准，不管用户的需求曲线怎么变化，都在运营者的掌控之中。

（5）产品使用频次

用户使用产品的频次反映了他们的需求水平。有的产品容易消耗，用户的使用频率较高，销售总监就可以根据这些信息及时准备下一批供货。

写出打动人心的宣传文案

精彩的宣传文案言简意赅，能让消费者一眼就看明白讲了什么内容，内心受到震撼。写出打动人心的宣传文案，不是一件简单的事情。销售总监应当了解一些消费行为心理学知识，通过心理诱因来吸引客户。宣传文案中常用的心理诱因如下。

1. 价值的证明

销售总监应该在宣传文案中主动证明商品的价值，通常是列举同类产品进行对比。如果产品的质量出众，文案就应强调品质优势；如果价格低廉，文案就着重强调成本优势带来的价值；假如价格较高，但质量、功能、外观有优势，文案就应突出性价比。

2. 诚实的品格

好的宣传文案往往是诚实的，不玩哄人的文字游戏，尊重客户的智商。那些试图在文案中撒谎的人，把客户当成了傻瓜，迟早会激起公愤，最后会自作自受。当文案展现出真诚坦荡的风采时，品牌形象才能深入人心。

3. 通俗而不庸俗的格调

宣传文案的文字、图像、字体等元素，都体现了作者的格调。低俗的文字和图片会让人反感。那些版面干净整洁、行文通俗而不庸俗的文案，更容易得到客户的信赖。

4. 制造参与感

我们可以在宣传文案中设置一些游戏，比如有奖竞猜或“大家来找碴”。参与游戏的人会得到不同级别的奖励。只要客户被这个游戏吸引，宣传文案就会迅速传遍朋友圈。

5. 内容具体化

模糊不清的描述与夸张的修饰，会让客户疑虑重重。他们担心商家在设陷阱，到时候不兑现文案中的承诺。因此，宣传文案描述的内容越具体越明确越好。这样才能取信于客户。

6. 利用熟悉感

以怀旧为主题是宣传文案的常用手段。这是在利用特定目标客户群体都熟悉的某些事物来营造共同的情感纽带。客户看到了自己熟悉的东西，对文案和商家的好感度都会上升。

7. 购买行为合理化

客户需要让自己的购买行为合理化，否则会觉得自己做了错误的决定。特别是产品价位偏高时，客户更需要确认自己没有花冤枉钱。宣传文案完全可以提供这个理由，用精辟的文字告诉客户他有好眼力。

8. 信用度

宣传文案的使命是取得客户的信任，树立公司的品牌形象。我们在写文案时不可忽视客户的疑问和异议，不可使用陈词滥调和过分夸张的修饰，不可通过贬低对手来抬高自己；否则可能导致客户的猜疑。

9. 贪便宜的心理

客户普遍有贪便宜的心理。通过设置优惠条件，宣传文案能吸引不少希望占便宜的客户。不过，过于便宜的商品同样会让客户心生疑虑。人们都认为“好货不便宜，便宜没好货”。公司把握分寸，才能写出吸引人的宣传文案。

10. 信奉权威

尊重权威是大众的习惯，所以，公司常请专家代言，以此树立自己的权威性。无论企业规模如何，树立权威都可以让客户更加信服。我们在写宣传文案时应该体现出一种权威专家的感觉。

11. 宣传时机

宣传太早只会浪费资源，宣传太晚就会错失良机。我们在制作宣传文案时，应该把握时机，密切关注市场动态，结合当前的新闻热点来宣传产品和品牌。

12. 寻找有关联的事物

客户对新产品不会轻易接受。我们可以寻找一个大家都熟悉的东西，与新产品联系起来。在宣传文案中体现这一点，才能让客户理解新产品究竟有哪些优点。

13. 满意度的保证

我们在宣传文案中可以做出一些许诺。比如，承诺客户对产品不满意时可以退货，说清楚退货流程和退款标准。这些对满意度的保证，虽然不会让所有的客户都感到满意，但大家会觉得我们是业界良心。

14. 产品的实质

宣传文案应该把每一款产品的独特之处展示出来。销售总监要让消费者明白，这款产品有哪些优点，适合哪些人使用。如果连产品的本质都讲不明白，宣传文案就无法打动人心。

15. 目标客户的本质

了解目标客户的本质，有时候比了解产品的本质还难。销售总监必须认真了解目标客户的思想感情、生活需求、眼下遇到的烦恼，这样才能写出让他们感动的文案。如果能让大家说一句“扎心了！老铁”，文案就算大获成功。

16. 删繁就简

我们在制作宣传文案时，一定不要把问题复杂化，否则会让客户觉得生涩难懂，抓不住关键信息。宣传文案应当简明易懂，一目了然，这样才有利于传播信息。

17. 拉近人际关系

客户讨厌那种装腔作势的宣传文案，喜欢平易近人的贴心话。人性化的词语能让宣传文案看起来更接地气，能拉近产品与客户之间的心灵距离。客户对宣传文案产生共鸣之日，也就是产品热销之时。

18. 时尚潮流

很多客户都热衷于追求时尚，谁都不希望自己落后于潮流。每年都有很多新的时尚在流行，具有这些时尚元素的东西会成为当时的热门产品。如果要宣传的产品属于这种类型，就要在文案中着重强调。

19. 提示购买流程

假如购买流程冗长烦琐，客户会感到不耐烦。我们应该在文案中简要介绍购买流程，让客户感到便捷，从而下单更加果断。

20. 符合客户要求

宣传文案要表达的不是我们的想法，而是目标客户的想法。我们的每一句话和每一个字，都要按照客户的要求去做，不要自以为比他们懂得多。销售总监需要认真倾听客户的心声，了解他们的真实想法。

21. 激发好奇心

好奇心让客户对产品产生浓厚的兴趣。销售总监可以在宣传文案中引导这种好奇心，告诉他们体验该产品能带来哪些与众不同之处。宣传文案里应该卖个关子，不能把什么信息都和盘托出，而要引导客户自己去找出答案。

22. 制造紧迫感

“清仓大处理”等宣传广告就是利用了人们的紧迫感。除了冲动型消费者，大部分人在购物时都会拖延一下，再考虑考虑。如果客户认为“机不可失，时不再来”，就会做出果断的决策。宣传文案可以利用这个原理，促使客户尽快下单。

23. 营造归属感

归属感是一种具有强烈激励效果的心理诱因。当某个产品已经形成了一个特定的品牌形象时，其用户群体就会逐渐演变为一个品牌化的社群。所有喜欢该品牌的客户，都会在这个社群圈子里寻找归属感。销售总监应该在宣传文案中主动营造归属感。

24. 满足收藏冲动

有些客户购物是为了收藏。销售总监可以在宣传文案中强调商品的收藏价值，满足客户收藏物品的需求。

25. 利用恐惧感

客户会恐惧自己错过好的产品或服务，恐惧自己错过优惠特价的机遇，恐惧自己错买了不需要的东西，恐惧自己没有某种产品就会遭遇很大的麻烦。销售总监可以在宣传文案里讲述解决问题的办法，帮助客户克服心中的不安。

26. 一次性满足全部需求

客户希望商家能一次性满足自己的全部消费需求。很多商家借助发达的快递配送体系来完成一条龙服务，也是采用了这个原理。所以，销售总监可以在宣传文案中强调客户可以轻松地满足全部需求。

27. 制造引人思考的悬念

当宣传文案中包含一个悬念时，客户会认真琢磨文案中想表达的东西，验证一下自己是否判断准确。如此一来，这则文案就会被更多人阅读。让客户通过思考来总结出我们想说的话，有助于提高他们的购物乐趣。

28. 制造内疚感

当客户无缘无故获得了商家馈赠的福利时，他们会产生一定的内疚感。他们会利用购物的方式作为回报，以消除这种内疚感。所以，销售总监可以在发布宣传文案时随赠一些小礼品，促使阅读文案的客户做出积极的反馈行为。

29. 突出独特性和珍贵性

当产品具有独特性与珍贵性的时候，客户会愿意以较高的代价来占有它。限量版产品销售也是众多商家的惯用手法。销售总监应该在宣传文案中反复强调产品的稀缺性，让感兴趣的客户急于收购。

30. 讲故事

在宣传文案中讲故事可以传达丰富多样的思想感情，吸引客户侧耳倾听。用讲故事的手法来撰写广告文案，是一种有效的宣传技巧。不过，这种技巧高度依赖讲故事的能力。假如我们的故事讲得不动听，客户就不会在意我们说了什么。

31. 提供希望

宣传文案应该为客户树立一种希望，让他们认为自己通过使用某种产品或服务可以实现某个心愿。不过，我们必须保持较高的可信度，否则客户会丧失信心，把失望带来的怨恨发泄在我们身上。

让销售文案读起来更顺的技巧

销售文案无论长短，易读性都至关重要。假如客户不能第一时间看明白销售文案想说什么，这样的销售文案肯定是失败的。所以，销售总监在制作文案时，应该千方百计地让文案读起来更加顺畅。

1. 改进文案阅读体验的技巧

（1）勤分段

把长篇文案分成几个独立的小段落，每个段落只阐述一个信息。

（2）增加小标题

每个独立的小段落都可以加上小标题。读者扫一眼标题就知道这段讲了什么内容，有无精读的价值。这样就能大大提高阅读效率。

（3）多用短词和短句

长句读起来比短句费力。所以我们每写一句就要另起一行，使用短词和短句，让读者能一口气阅读多行内容。

（4）多用过渡性词组

过渡性词组有承上启下的作用，天然就有重点提示的功能。读者一看就知道哪些话之间是有联系的。

（5）在正文中减少次要信息

次要信息可以放在备注、随文、图片说明里，有时候还可以用“（　）”的形式处理成重要语句的画外音。这样的文案看起来思路严谨，又不影响阅读的流畅感。

（6）少用形容词，多用动词和名词

堆砌形容词是一种拙劣的修辞手法。读者需要以最快的速度获取最重要的信息，不需要过多的形容词修饰，用动词和名词直接强调就好。

（7）不过度修饰真实的语言

现在的读者更欣赏不加修饰的真实话语。这种语言没有斧凿的痕迹，通人性、接地气，读起来更加诚挚可信。

2. 检查文案质量的方法

在完成文案创作后，销售总监可以从以下十个方面检查文案的质量。

（1）内容是否扣题

标题的内容包含了最核心的广告信息，文案的正文都是为诠释标题内容而服务的。假如标题谈到的信息没有在正文中体现，整个文案就跑题了。尤其是那些在标题中做出的承诺，必须在正文中认真介绍，以免客户生疑。

（2）细节是否明确

修辞文案是一种以实用性为本的销售工具。细节描述是否明确，决定了销售文案真正的价值。信息越明确，宣传效果越到位，客户才越有信心消费。

（3）文字是否简洁

冗长啰唆的文字是写销售文案的大忌。销售文案本来就应一字千金。我们应该学会用最简练的文字表达最完整的信息。假如我们在检查文案时觉得还可以删除一两个字甚至一两句话，则说明这篇文案还不够成熟。

（4）是否通俗易懂

谁也不会对自己看不懂的东西产生消费兴趣。精美而晦涩的文字还不如简单粗暴的大白话来得有效。文案当然需要文笔，但必须以易读性为第一原则，先力求让客户看得懂。

（5）行文是否流畅

优秀的销售文案通常有多个重点，前一重点与后一重点之间的过渡要自然流畅。假如在过渡部分出现了陌生的概念和奇怪的形容词，客户的阅读过程就会变得磕磕绊绊。糟糕的阅读体验会让他们半途而废，以至于错过文案里的重要信息。

（6）与客户的联系是否紧密

我们做了什么、获得了什么、喜欢什么、讨厌什么，这些对客户没什么意义，不要写在文案里。要在文案中提到客户喜欢的、渴望的、真正需要的东西。

（7）是否生动有趣

销售文案以激发客户的热情为目标，枯燥的内容不会带来这种效果。了解所有的文案元素，却只是机械地将其组合在一起，这样做也只能产出无效文案。销售文案绝对不能沦为枯燥的说明书，它应该像故事一样生动有趣。

（8）有无说服力

销售文案光是有趣易读还远远不够，因为读者看那些娱乐故事同样可以满足需求，并不是非读你的文案不可。假如读者看完销售文案后相信我们的产品确实具有优越性，并产生了购买欲望，就说明我们的文案确实有充分的说服力。

（9）可信度高低

客户对广告有一种本能的抵触心理，害怕上当受骗。这使得销售文案撰稿人要加倍努力来赢得信任。销售总监应该拿出那些对我们的产品满意的客户的亲身经历以及产品的现场展示效果或科学依据，以此证明自己所言不虚。不要企图蒙混过关，说实话是让广大客户相信我们的最好方法。

（10）能否促使客户决定购买

虽然销售文案让客户产生了购买欲望，但如果他们发现文案中没有提供任何联系方式与购买渠道就会顿时失去消费兴趣。所以，销售总监必须在文案中说明销售流程，建议读者积极采取实际行动，这样才能有效促进销售。

跟粉丝用户互动，这些误区要避开

大部分公司的新媒体宣传阵地是官方微博和微信公众号。我们在做新媒体营销时应该每天跟粉丝用户保持互动。销售团队要利用这些社交媒体平台深入网友当中，培养良好的关系。但是，新媒体运营也是一门技术活，需要注意避免一些误区，否则容易弄巧成拙。

1. 微博运营的常见误区

（1）信息展示碎片化

微博的信息呈碎片化，产品推荐大多是短平快的碎片化信息。很多微博网友缺乏良好的阅读习惯，经常断章取义，发言比较情绪化。如果发布内容本身不够严谨，就很容易引发负面舆论。我们可以利用“一图流”的长图片或视频教程等可视化手段来全面展示产品信息，并在网友误解时及时科普。

（2）把微博平台作为唯一的销售渠道

新媒体营销不该局限于单一平台。微博的信息传递速度快，影响范围广，但不用微博的网友对微博上的热门新闻一无所知。假如销售团队只在微博上发信息，那些被忽视的大量非微博用户就会流失。如今新浪微博与很多互联网平台联手整合资源，许多新媒体平台都有微博登录在内的第三方登录方式。销售总监可以利用这一点来部署新媒体宣传。

（3）缺乏好内容

微博发布内容不贵多而贵精，最重要的是有内容。微博用户习惯碎片化阅读，喜欢短平快的微创意，喜欢能引发同理心的东西。微博团队必须用心写出受大家欢迎的东西，才能真正获得“真爱粉”。注意标点符号和修辞手法的合理运用，不要在文案里遗漏重要信息，以免让大众产生误解。

（4）只发帖而不营销

有些微博营销团队只是在机械地完成每日发帖指标，以转发新闻或者“岁月静好”之类的心灵鸡汤来凑数。殊不知，发帖之后的互动更重要。当网友转评我们的微博内容时，微博团队应该选择精彩的评论进行互动，把气氛活跃起来。微博团队应该安排好不同时段的轮班，以确保平台能全天候活跃。

（5）片面追求增加流量，而不顾实际的宣传效果

不少人只想着增加流量，而不问过程和手段。一些微博营销团队的绩效考核依据就是由转发数、评论数、点赞数以及粉丝增长数等构成的流量数据。虽然我们说大数据思维对微博运营很重要，但只管流量而不顾其他是个严重的错误。销售总监应该告诫微博营销团队中的每一个人，不要用故意挑事的方式制造网络群体分裂，以免事态失去掌控，而应该提高发帖质量与评论水平，树立正面的品牌形象。

2. 微信运营的常见误区

（1）只管涨粉，而不顾粉丝质量

有的微信团队片面追求涨粉，让微信群里鱼龙混杂，无法像最初那样

正常地讨论问题。微信营销做的是深耕细作的精准营销，质量比数量要重要得多。所以，不要增加无价值的“僵尸粉”，不要遗漏互动质量较高的活跃粉丝。平时要注意维护微信群里的秩序，控制对话氛围。

（2）互动太少

不与用户互动是新媒体营销的大忌，微信营销尤其如此。没有足够的互动，粉丝就不会了解你的产品、服务和文化价值观，也就难以产生信任感。我们应该每天与粉丝保持一定频率的互动交流，重点在于及时回复，制造共鸣感。

（3）对微信订阅号的使用不当

很多微信用户可能不爱聊天，但非常喜欢阅读订阅号里的内容。订阅号运营的最大问题就是发布的内容品质不高、粗制滥造。运营者往往四处抄袭，导致同质化信息泛滥，让广大用户感到审美疲劳。我们应该认真创建订阅号里的内容（包括采用有偿约稿等形式），不要只是照搬别人的东西，而要向用户提供原创精品。

（4）滥发广告

运营者滥发广告，并不符合新媒体营销的互动原则。过度推送信息会破坏互信机制。与用户互动需要感情上的沟通，建立信任关系，在此基础上才能促成交易。运营者平时应该和用户像普通朋友一样聊天，在沟通中找出他们的需求点，进行精准营销，而不要直接打广告。

（5）发布内容质量低

不少微信运营者以调侃的语气来吹嘘自己的产品或者贬低别人的产品，却没有把产品的特色、优点讲透。用户想了解的是产品的方方面面，而不是只看一篇生动幽默的调侃文章。否则的话，他们大可以去专门阅读搞笑故事，而没必要从产品说明里寻找笑点。

（6）让朋友圈成员的注意力更加分散

很多人都喜欢在微信朋友圈里分享自己感兴趣的信息，朋友圈里往往会出现社交性转发泛滥的现象。大家被源源不断的新信息分散了注意力，微信营销深耕细作的优势就无法充分发挥。

（7）宣传手法单调

微信营销需要推广的是运营者的社交形象，而不仅仅是工作形象。我们应该设计自己的拟人化品牌形象，按照相应的个性风格来与朋友圈里的众人互动，舍弃死板的传统广告文案，用故事营销、情感营销等方式来推广产品信息。

（8）盲目开发新的功能

微信营销的一大原则是便捷性。用户希望从中快速便利地获得他们想得到的东西。微信运营者开发出一大堆功能，只会让用户的注意力更加分散。就算用户刚开始时有点新鲜感，时间一长也会觉得大多数新功能都用不上，根本就是浪费。我们应该保持微信平台的精简，去掉用户不感兴趣的新功能。

第九章

精心策划营销活动，不遗漏每一个商机

营销活动可以吸引更多消费者关注公司的产品，激发他们的购物兴趣。只有做好营销活动策划工作，销售工作才不至于变得毫无章法，销售总监才能顺利地完成业绩指标。销售总监掌握着公司销售的大局，所有的销售员都是销售计划的执行者。因此，销售总监应该对每一年的所有营销节点做到心中有数，根据每个营销节点来策划相应的主题活动，不错过任何一个商机。

全年的营销节点，销售总监应做到心中有数

2018年1月的营销节点

日期	相关活动	日期	相关活动
1日	元旦	5日	小寒，哈尔滨国际冰雪节
9日	美国CES消费电子展	14日	日记情人节
19日	大寒	24日	腊八节
26日	国际海关日		

2018年2月的营销节点

日期	相关活动	日期	相关活动
2日	世界湿地日	4日	立春，世界癌症日
5日	美国超级碗	8日	小年
9日	巴西狂欢节	13日	世界无线电日
14日	情人节	15日	除夕，柏林国际电影节开幕
16日	春节	17日	NBA全明星周末
19日	雨水	21日	世界母语日
26日	世界移动通信大会MWC		

2018年3月的营销节点

日期	相关活动	日期	相关活动
1日	国际民防日	2日	元宵节
4日	奥斯卡颁奖典礼	5日	惊蛰，学雷锋纪念日
7日	女生节	8日	妇女节
10日	东京动漫展	12日	植树节
14日	白色情人节	15日	国际消费者权益日
20日	国际幸福日	21日	世界睡眠日
23日	世界气象日	26日	全国中小学生安全教育日
27日	世界戏剧日	31日	地球一小时

2018年4月的营销节点

日期	相关活动	日期	相关活动
1日	愚人节，复活节	2日	安徒生诞辰
5日	清明节	7日	世界卫生日
11日	世界帕金森病日	12日	世界航天日
13日	泼水节	15日	春季广交会
17日	世界血友病日	18日	国际古迹遗址日
20日	谷雨	21日	全国企业家活动日
22日	世界地球日，澳网公开赛开幕	23日	世界读书日
25日	北京国际车展	26日	世界安全生产与健康日

2018年5月的营销节点

日期	相关活动	日期	相关活动
1日	劳动节	3日	世界新闻自由日
4日	青年节	5日	立夏

续表

日期	相关活动	日期	相关活动
8日	国际微笑日	11日	世界防治肥胖日
12日	国际护士节	13日	母亲节
15日	国际家庭日	18日	国际博物馆日
19日	中国旅游日	20日	520网络情人节
21日	小满	24日	鲍勃・迪伦诞辰
25日	世界预防中风日	27日	法网公开赛开幕
30日	全国科技工作者日	31日	世界无烟日

2018年6月的营销节点

日期	相关活动	日期	相关活动
1日	儿童节，国际牛奶日	5日	世界环境日
6日	芒种	7日	高考
8日	世界海洋日	12日	世界无童工日
13日	美国E3游戏展	14日	2018俄罗斯世界杯揭幕
17日	父亲节	18日	端午节，网络618大促销
21日	夏至，世界渐冻人日	22日	中国儿童慈善活动日
23日	国际奥林匹克日	25日	全国土地日
26日	国际禁毒日，联合国宪章日	28日	北京国际消费电子博览会
29日	全国科普行动日	30日	世界青年联欢会

2018年7月的营销节点

日期	相关活动	日期	相关活动
1日	建党节，香港回归纪念日	2日	温网公开赛揭幕
7日	国际接吻日	11日	世界人口日
14日	银色情人节	15日	世界青年技能日

续表

日期	相关活动	日期	相关活动
19日	美国圣地亚哥动漫展	20日	人类月球日
23日	世界清洁工日	25日	世界语创立日
28日	唐山大地震周年祭	30日	国际友谊日
31日	人类首次月球车行驶纪念		

2018年8月的营销节点

日期	相关活动	日期	相关活动
1日	建军节，世界母乳喂养周	3日	男人节
7日	立秋	8日	全民健身日
13日	国际左撇子日	17日	七夕
18日	新加坡亚运会	19日	世界人道主义日
23日	处暑	25日	中元节
27日	美网公开赛开幕		

2018年9月的营销节点

日期	相关活动	日期	相关活动
1日	全国小学生开学日	5日	国际慈善日
8日	白露，国际扫盲日	10日	教师节
14日	相片情人节，世界清洁地球日	18日	“九一八”事变抗战纪念日
20日	全国爱牙日，公民道德宣传日	22日	世界无车日
23日	秋分，国际聋人日	24日	中秋
26日	世界避孕日	27日	世界旅游日
28日	国际知情权日	29日	世界步行日
30日	中国烈士纪念日		

2018年10月的营销节点

日期	相关活动	日期	相关活动
1日	国庆节	4日	世界动物日
5日	乔布斯逝世7周年	8日	寒露
9日	世界邮政日	10日	辛亥革命纪念日
11日	世界爱眼日	13日	世界保健日
14日	世界标准日	15日	哥伦布日，世界农村妇女日
16日	世界粮食日	17日	重阳节，国际消除贫困日
20日	世界统计日，世界厨师日	21日	长征胜利纪念
23日	霜降	24日	联合国日，程序员节
25日	东京国际电影节	28日	国际动画节
31日	万圣节		

2018年11月的营销节点

日期	相关活动	日期	相关活动
7日	立冬，世界美容日	8日	中国记者节
9日	中国消防宣传日	11日	“双十一购物狂欢节”，光棍节
12日	孙中山诞辰	14日	世界防治糖尿病日
16日	国际宽容日，高交会开幕	17日	世界大学生节
19日	世界厕所日	21日	世界问候日，世界电视日
22日	小雪	25日	国际素食日
29日	感恩节		

2018年12月的营销节点

日期	相关活动	日期	相关活动
1日	世界防治艾滋病日	2日	全国交通安全日
3日	国际残疾人日	4日	全国法制宣传日
5日	国际志愿者日，世界弱能人士日	7日	大雪，国际民航日
9日	国际反腐日	10日	世界人权日
12日	西安事变纪念日	13日	南京大屠杀国家公祭日
20日	澳门回归18周年纪念	21日	冬至
24日	平安夜	25日	圣诞节
26日	毛泽东诞辰		

营销活动的本质是传播品牌口碑

我们经常在社交媒体上看到“转发并通知三位好友就可以抽奖”或者“扫描二维码就可以获得由×××公司提供的奖品”等营销活动。这些有奖活动只是以物质激励为手段，根本目的是传播企业的口碑，提高品牌影响力。

口碑营销是新媒体时代十分流行的营销方式，通过组织活动来引发大众的关注和讨论，形成了口口相传的口碑。不懂口碑营销的销售总监，很难适应新媒体时代的市场环境。为了更好地掌握这种营销手段，我们先来了解一下大众参与互动活动的动机。

1. 大众参与互动的三个动机

（1）确实认可我们的品牌

我们的产品和服务本身就很受大众欢迎。大众喜欢并觉得有讨论价值，于是愿意参与我们组织的营销活动，把口碑传播出去。这年头，向朋友推荐“业界良心”的热心人越来越多。

（2）寻找成就感

人们无不希望得到认可，也有不同程度的表现欲，特别是在擅长的领域或某个热点话题上表现自己。活动参与者希望通过赢得奖品和展现能力来得到更多的赞誉和重视，以此获得成就感。

（3）寻找同类，扩大社交圈子

人们通常需要一个共同话题来拉近彼此之间的关系。如果人们不知道该聊点什么，就无从打破沟通的僵局。大众在参与营销活动时，会吸引具有共同语言的人参与讨论，进而收获友谊。

无论出于哪种动机，口碑谈论者都会讨论我们的产品，再把我们想发的信息传播出去。但前提是我们的产品值得称赞，我们的公司是正面角色。

2. 口碑营销离不开的五大要素

美国口碑营销学专家安迪·赛诺维兹认为，口碑的疯狂传播离不开以下五个“T”要素。

（1）谈论者（Talkers）

谈论者是指那些会与别人谈论产品的人。他们的来源非常复杂，包括但不限于你的客户。如果没有谈论者，口碑营销就成了无本之木。

（2）话题（Topics）

话题指的是人们具体谈论的内容。任何口碑最初都源于一个有讨论价值的信息。这个信息可能是产品的性价比或者奇妙创意，也可能是公司的过失等。

（3）推动工具（Tools）

推动工具是指用来推动口碑传播的各种媒介、平台和技术手段等。传统媒体和新媒体都是口碑传播的推动工具，但如何用好这些性能不同的工具，全看营销活动组织者的能力。

（4）参与（Taking Part）

参与是指如何让大众参与活动。口碑营销的一大特征就是频繁的参与和互动。营销活动组织者主动与大众进行深度互动，从而构建密切的社交关系。

（5）跟踪了解（Tracking）

跟踪了解的对象是那些正在谈论我们的人，目标是弄清他们在谈论我们的什么情况。这是销售总监收集活动参与者反馈意见，评估口碑传播效果的必备工作。

3. 互动对象：喜欢谈论你的人

我们在组织营销活动时，先得找出那些喜欢谈论你的人，选择最有价值的互动对象。通常而言，口碑讨论者主要分为以下几类人群。

（1）品牌拥趸

这是最常见的一种口碑谈论者。他们是公司产品的资深用户，对公司品牌抱有深厚的感情。他们有浓厚的兴趣帮企业传播口碑，活跃度在所有的口碑讨论者中高居榜首。他们经常浏览公司的各种网络宣传平台，还会自发组建论坛、QQ群、微信群、微博等平台来帮我们做宣传。

（2）内部优秀员工

公司员工最熟悉自家的产品和服务，可以为其他类型的口碑谈论者提供详细的数据和谈资。他们最适合加入口碑营销团队，组织营销活动。

（3）信息分享者

有些网友特别喜欢分享冷门知识和八卦信息。他们发起热门话题的概率很大，其他网友也乐于看他们分享的内容。他们在口碑传播过程中扮演着很重要的角色。

（4）各类专业人士

这类口碑谈论者包括媒体特约评论家、专栏作家、各行各业的专业人士（通常也是自媒体“大V”）等。他们的意见对其他人具有较强的参考价值，特别是对其粉丝具有决定性影响。所以，这类人的意见不可不重视。

（5）喜欢参与活动的网友

这些人不一定是你的产品用户，而且给出的评价可能有正面的也有负面的。只要社交媒体上出现关于我们的话题，他们就会积极参与。如果话题对我们有利，他们将是正面口碑的助攻队友；如果话题对我们不利，他们将是“墙倒众人推里”的“众人”。

想不出活动主题时，我们可以这样做

当代消费者追求“参与感”，容易被营销活动吸引。营销活动要有鲜明的主题，否则就会变成枯燥的产品推介会。销售总监应该组织一个有趣的主题活动，把要推广的产品植入其中。当大众的“参与感”在主题活动中得到满足后，他们就会对我们的产品感兴趣。假如我们想不出活动主题，可以从下面这些思路里找创意。

1. 加入历史元素

带有历史元素的营销活动，包含了趣味性、知识性和历史厚重感。我们可以阐述与产品相关的历史，比如产品发明者的家族史，可以把产品和企业／行业发展史结合起来，还可以借助历史典故来推广产品或品牌。

2. 蹭热点话题

在新媒体时代，借助热点话题进行宣传推广是一种非常有效的营销手段。这能让营销主题活动在极短的时间内聚集大量人气。销售总监在蹭热点时，要找出产品与热点新闻之间的联系。客户不反感巧妙的蹭热点，但讨厌风马牛不相及的强行蹭热点。

3. 讲一个励志故事

故事营销能让客户产生代入感，主动去感知故事中的营销信息。故事能把我们想表达的东西生动地展现出来。如果我们能为产品写一个精彩的励志故事，客户就会把这个故事分享给更多的人，形成口碑传播。如此一来，营销活动的效果就很可观了。

4. 利用数据

产品的基本信息与科技含量，需要用数据来证明。广告中涉及价格与利益的内容，更是离不开对数据的分析。销售总监可以寻找一些重要数据作为营销活动的主题，通过对比和解读数据来引导客户积极思考。我们还可以设计“在24小时内转发上万送礼品”之类的活动，让客户一起把点击量刷起来。

5. 传播专业权威知识

营销活动本身是个很好的专业知识科普渠道。商家在活动中向大众普及产品知识或产品使用经验，纠正某些流传很广的错误观念，既有利于公司树立积极承担社会责任的正面形象，又能排除一些对产品推广不利的传统观念。当然，前提是我们传播的知识足够专业，具有权威性。否则，消费者会感到很迷惑。

6. 讲述“内幕”消息

这种创意利用了人们与生俱来的好奇心。假如销售总监在营销活动中煞有介事地讲述一个鲜为人知的“内幕”消息，就会营造出一种神秘感，引发大众的好奇心。但要注意的是，我们不能故意制造谣言，不能歪曲事实，否则会招致恶果。

7. 与客户竞技

销售总监可以邀请一些客户参与趣味竞技活动，比如挑战闯关、知识抢答，等等。趣味竞技活动本身很有趣，容易吸引观众。参与者也能在斗智斗勇中获得乐趣，提高对公司产品的认可度，其品牌忠诚度也会随之增加。

8. 承认错误

通常而言，营销活动都在为产品说好话。大多数公司都有报喜不报忧的倾向，意图遮掩自己的错误。但是，在新媒体时代，公司很难隐藏自己的过失。与其装聋作哑，不如主动开展以纠错为宗旨的营销活动。有时候，高调认错反而会让大众认为我们是市场中的一股清流，更加诚实可信。

9. 正话反说

假如营销活动的主题采用了正话反说的表达方式，就会让客户眼前一亮。他们以为我们在故意违反常理，要搞个大新闻，仔细一看却发现我们只是在“正话反说”，并没有脱离常轨。这种做法能在一定程度上提高关注度。

10. 出题考验

有些广告大师会在广告中故意出“错”，设置题目让客户去找错。客户为了找错，会积极了解广告细节，查看产品信息。销售总监运用出题的方式来挑战客户，有助于激发他们的参与兴趣。

11. 制造诱惑

营销活动的最终意图是促进销售，也就是激发目标客户的消费冲动。我们要在活动文案中指明有诱惑力的利益点。这个利益点可以是性价比，可以是先进性，可以是象征意义，也可以是额外奖励。总之，我们要让客户觉得参加营销活动有利可图，机不可失。

12. 诉诸情感

在很多情况下，客户的消费主要是为了满足心理需求。所以，我们可以组织以情感为主题的销售活动，讲述情感故事，组织客户联谊，大打情感牌。这会让客户认为我们的产品非常贴近其日常生活。

13. 组织名人访谈

我们可以组织名人访谈，以此来推广产品或品牌。比如，邀请名人到新产品发布会做嘉宾，与他们在现场进行深入对话，利用名人效应来扩大营销活动的影响力。

在营销活动中构建情感场景

营销活动最可怕的不是工作人员忙中出错，而是冷场。我们费了那么多心思去组织活动，却无法与大众形成互动，这种尴尬的局面特别打击销售团队的士气。之所以会出现这种情况，是因为我们没有在营销活动中构建情感场景，大众对活动没什么感觉，缺乏参与的兴趣。

1. 销售也要讲情境

情境是促成传播和消费的一个诱因。有头脑的商家总是利用特定情境来唤醒消费者的特定情绪，在不知不觉中激发他们的购买欲望。

比如，人们在春节期间会常常置身于充满红色装饰物和播放春节专用歌曲的购物环境中。在这种期盼来年红红火火的氛围中，消费者会比平时更容易被红色包装的商品吸引，消费也以年货为主。这就是购物情境——“年味”带来的影响。人们的关注焦点往往也跟“过年”有关，与“年味”不搭界的商品，在春节期间的销量就会受到影响。

春节结束后，过年的氛围随之终结，购物情境也就变了。商家这时候再推出年货以及红色包装的商品，促销效果就会大大下降。商店的装修风格、背景音乐、销售员的着装以及其他基础设施的布置，也有必要根据新的营销节点进行调整，以确保能给消费者营造更有消费冲动的购物氛围。

大众的一切情绪都是对场景的反应。销售总监应当利用这个原理，利用活动场景布置来调动消费者的情绪。最关键的是找准消费者的情绪共鸣点。

2. 激发好奇心

好奇心也是一种营销资源，因为人类对神秘感有着本能的喜爱。正如著名科学家爱因斯坦所说："我们所能经历的最美好的事情就是神秘，它是所有真正的艺术和科学的源泉。谁对这种情况感到陌生，谁对它漠然冷淡、敬而远之，谁就无异于行尸走肉。"

消费者第一次光顾某家商店，第一次购买某款产品，第一次参加某个营销活动，基本上都是因为好奇心。激发他们好奇心的可能是产品的口碑，也可能是销售文案里一句有趣的话。总之，当他们意识到这些东西跟自己平常所见的不一样时，好奇心就产生了。

销售总监在策划营销活动时，万万不可采取千篇一律的宣传方式，更不能举办那些让人一看就觉得毫无悬念的互动活动。我们应该在活动中设下悬念，让参与者为了弄清答案而参与活动。

3. 为大家准备一份"成就感"

成就感是最让人扬眉吐气的积极情绪。如果能利用好这种积极情绪，营销活动将会事半功倍。商家把产品划分为低档产品和高档产品，就是在利用成就感原理。在大众的潜意识里，消费高档产品的应该是成功人士，消费低档产品的应该是普通人。有些消费者为了在人前有面子，不惜代价进行高消费。

因此，销售总监可以在营销活动中设置重重考验，让参与者体验闯关的乐趣，尝试着追逐成就感。而最终的获胜者，将得到极大的满足。围观群众在目睹参与者们或惊艳或有趣的表现时，也会在一定程度上满足自己的成就感，让活动进入一个全面狂欢的氛围。

4. 在营销活动中体现情感关怀

最能打动人心的东西，必然拥有富含温情的人性关怀。人是感情丰富的高级动物，理性思考是某种核心情绪的衍生品。当营销活动触及消费者的核心情绪时，他们的内心就会受到震撼，销售团队和消费者就能由此发展为“强关系”社交关系。这就是情感营销的力量。

事实上，消费者做出的大多数购物决策完全取决于情感需求，而不是简单的性价比分析。“千金难买我乐意”，消费者觉得自己的情感需求得到满足时，就会认为商品有特殊的附加值，买下来很划算。

需要注意的是，我们在营销活动中传播的情感关怀不能是居高临下的怜悯，而应该是平等待人的温情。无论采取什么样的活动主题和表达方式，营销活动都要直指人心中最柔软之处。

第十章
除了打折优惠，你还可以这样促销

大部分商家都把价格调整视为主要促销手段。每到一个营销节点，消费者就会看到各种打折优惠与捆绑销售的广告。当折扣战打到白热化程度时，有些商家为了耗垮竞争对手甚至不惜亏本倒贴，最终搞得两败俱伤。而越来越精明的消费者也发现了某些商家声称打折但实际上不优惠的花招，对所谓的“打折优惠”愈加警惕。销售总监不应该过分依赖打折优惠手段，而应该打开思路，设法让客户在不打折的时候也愿意购物。要做到这一点，我们先得弄清客户为什么拒绝购买。

让客户愿意买的定价技巧

最常规的促销手段就是调整价格。公司通过各种复杂的优惠折扣组合，让客户感觉自己的消费很划算，但实际上并没有损害公司的利益。这种手段最能刺激客户的购买欲，不仅可以在节假日营销活动中经常使用，而且可以每周推出个别打折产品，轮流调整价格。销售总监对公司产品的价格调整，心里应该有本账。

1．定价时要考虑的四个问题

销售总监在定价时，应该考虑以下四个问题。

（1）客户对价格的敏感度

如果客户对价格比较敏感，涨价就会导致销售额急剧下降；如果客户对价格变化不是很敏感，那么即使价格上涨，也不会引发销售额的大幅度下滑。找出客户接受的价格浮动范围，是销售总监的工作。

（2）商品和服务的成本

商品和服务的成本，对公司的利润空间有很大影响。假如找不到削减成本的办法，价格调整的余地就会很小。

（3）市场竞争的情况

销售总监的定价可以高于、低于或者等于竞争对手的定价。具体要结合企业整体发展战略。若是以廉价为竞争策略，就要提供比竞争对手更低的价格。假如是以丰富的增值服务为卖点，价格高于竞争对手也无妨。

（4）法律法规和商业道德

销售总监大打价格战时，不能挑衅法律和道德。公司通过低价倾销来击垮竞争对手，会引发整个行业的恶性循环。无论是从法律还是从商业道德的角度，这种行为都会给公司带来风险。

2. 零售价格策略的制定过程

公司的商品种类通常比较多，而市场形势变幻莫测。这给销售总监的定价工作带来了不小的挑战。为了制定合理的定价策略，销售总监应该考虑以下几点。

（1）确立零售目标

定价应该围绕销售目标来展开。是想增加销量，扩大市场占有率，还是想获得高额的单位利润，销售总监要考虑清楚。目标不同，策略不同。

（2）明确主要价格政策

主要价格政策包括我方价格与竞争对手价格的关系，所有商品的定价与利润空间，是否充当市场价格领袖，价格是长期稳定还是随成本变化调整等内容。

（3）制定具体的价格策略

销售总监可以采取需求导向定价、成本导向定价和竞争导向定价三种基本策略。这三种策略通常会被综合使用。

（4）执行价格策略

在执行价格策略阶段，销售总监应该根据商品类型的不同来选择长期不变的习惯定价、基于需求变化的收益管理定价、对单一商品的一价政策、允许客户讨价还价的弹性定价、多买打折的折扣价、一个价位提供一组商品的捆绑定价等具体方案。

（5）价格调整

销售总监在遇到季节变化、客户需求变化、商品成本变化的时候，可以通过降价或加价来适应新的市场风向。

3. 调整价格的具体目标

以下是公司调整价格的常见目标。

◎激发客户的消费热情。

◎鼓励回头客和多次购买。

◎在不引发价格战的前提下与对手进行优惠价格竞争。

◎让客户把公司看成是区域市场上的价格领导者。

◎维护公司的形象。

◎不鼓励客户对价格过度敏感。

◎让供应商、员工和客户各方都感到公平。

◎保持各个销售渠道定价的一致性。

◎阻止潜在竞争者进入区域市场。

◎在慢速发展期增加客户流量。

◎快速处理剩余的过季商品，减少积压的库存。

◎为客户提供更加充分的服务。

◎抵消政府对价格广告的干涉及反垄断行为的影响。

销售总监必须围绕其中的某个具体目标来调整价格。若是任性妄为，就会扰乱销售渠道的价格体系，破坏公司各个销售网点的正常运营。

4. 定价时需要参考的数据

销售总监在定价时，可以参考以下项目的数据。

项目	数据来源或计算方法
销售价格	交易数据、购物比较、经验
各种价位的需求量（按单位计）	客户调查、交易数据、经验
销售总额	销售价格×需求数量
平均商品成本	与供应商的联系、数量折扣结构、订单的大小
商品总成本	商品平均成本×需求数量
运营总成本	经验、交易数据、个别零售费用的估计值
总成本	商品总成本+运营总成本
平均总成本	总成本／需求数量
总利润	销售总额-总成本
单位利润	总利润／需求数量
零售毛利率	（销售价格-商品平均成本）／销售价格
利润／销售额	总利润／需求数量
现有平均存货量	交易数据、存货周转数据（按单位计）、经验
存货周转（按单位计）	需求数量／现有平均存货量（按单位计）
平均存货投资额	平均商品成本×现有平均存货量（按单位计）
存货周转（人民币）	总商品成本／平均存货投资额
存货投资回报率	总利润／平均存货投资额

弄清客户拒绝购买的原因

促销的目的是刺激客户的购买欲。为了让促销手段更有针对性，我们应该先弄清楚客户为什么拒绝购买。客户的拒绝中隐藏着他们的真实需求，销售总监对此不可不认真揣摩。客户不想买东西的具体理由五花八门，但真正的理由其实只有以下六种。

1. 没有需求

客户最直白的拒绝方式就是说“不需要”。“不需要”的字面意思是没有需求，但实际情况有两种可能。

（1）我们的产品对客户确实没有价值

也许我们的产品设计精巧、性能优良、造型时尚、价格实惠，在世界各国都非常流行，但我们面前的这位客户偏偏用不上。他的生活里不需要这个产品，我们展示的一切信息对他来说都毫无意义。这类客户确实不是我们的潜在客户。

（2）客户已经有了同类产品

客户虽然有需求，但已经被别人家的产品满足了。他购买的产品用起来很顺手，或者刚开始尝试使用，总之，暂时没有再买一次同类产品的打算。如果客户已有产品用完了，或者不够令人满意，则我们依然有成交的机会。

2. 认为我们的产品不值这个价钱

“不值这个价钱”和“我们买不起”是两个不同的理由。后者是客户的经济能力有限，他们也许认可了我们的产品，但负担不起成本。前者则是客户有钱，但觉得同样的价格可以买到更好的商品。他们觉得我们的产品价值不够大，不愿意花这笔冤枉钱。遇到这种情况时，销售总监应该重塑产品价值，赋予产品更多的意义，让客户觉得物有所值。

3. 客户怀疑产品的功效

这也是客户拒绝的常见理由。当销售员把产品描述得太过完美时，反而无法令人信服。因为客户认为销售员是为了利润而推销，才绞尽脑汁说服自己买产品，其中不乏夸大其词的虚假宣传。客户不相信天花乱坠的吹捧。这时候，我们不可夸夸其谈，而是应该用数字、图表、事例去证明产品的价值，打消客户的疑虑。我们应该坦言产品不具备哪些功能，有什么瑕疵，这样客户才会相信产品的功效。

4. 客户心中有困惑

有时候，客户只是没有搞清楚情况。他的知识结构不足以理解我们的产品是否有价值，不明白这对他的工作或生活有什么意义。他们会问：“为什么我需要这个产品？”让客户产生困惑的人，很可能是我们自己。我们总想着“首发命中”，让客户马上了解你的产品，尽快达成交易，结果在不知不觉中提供的信息太多，而且表达速度太快，让客户跟不上我们思维的节奏。他们没想明白时，是不会轻易决策的。所以，我们要学会慢下来，不把过多的信息一股脑地塞给客户。多听少说，根据他们的疑问来提供足够做决定的信息即可。在客户决定购买之后，我们再看情况来提供其他要讨论的信息。

5. 产品用起来太复杂

客户有“安于现状”的本能，特别讨厌麻烦复杂的事物。我们的产品在结构、操作、保养方面越复杂，客户购买的可能性就越低。当客户有抱怨产品太复杂的苗头时，销售总监要果断地向客户强调公司的售后服务，强调自己的资历和能力，告诉客户使用这些产品或服务会让他们的生活更加便利。

6. 预算不够

也许，客户真的非常想买你的产品，但此时确实负担不起这个价钱。并非他们认为你的产品不值钱，而是他们无法支付。这是一个最没毛病的拒绝理由，被客户使用的概率很高。因为客户不愿意伤害我们的积极性，于是把拒绝购买归咎于自己经济实力不足。

除了上述六种拒绝理由外，其他的拒绝理由基本上都是借口。虽然这些借口让我们感觉不舒服，但我们应该将其视为一种善意的谎言，而不要对客户产生敌意。客户对产品的价值有自己的判断，销售员只是在改变他们的判断。如果改变不了，只能说明我们的能力还不够让客户满意，不可怨天尤人。

处理客户拒绝的七个基本策略

很多人喜欢上网购物，一是因为方便快捷，二是因为可以减少跟销售员的直接接触。隔着屏幕跟卖家打字交流，比在现场听销售员喋喋不休要轻松多了。而且，客户在做出拒绝购买的决定时，也不用在意销售员失望的表情。造成这个局面的主要原因，在销售员自己身上。如果我们能妥善处理客户的拒绝，客户就不会那么反感与我们直接接触了。处理客户拒绝的基本策略如下。

1. 明确我们愿意做哪些让步

销售谈判是一个相互妥协的过程。客户会争取更多优惠，而我们要尽可能用较少的让步来促成交易。为此，我们在谈判之前必须明确，自己愿意做出哪些让步，即在我们的权限范围内，可以给客户什么样的待遇、折扣和优惠。让步要讲究时机，除非我们决定不做这笔生意了，否则千万不要对客户说："要么接受，要么离开。"在谈判初期，我们先做出最小的让步，然后再看情况来逐渐追加优惠条件，不要过早亮出自己的底牌。

2. 询问客户的反馈意见

当我们向客户展示了产品之后，我们可以询问："您对我展示的内容有什么看法？"这个问题的潜台词是："如果价格合适，您是否有意向购买我的产品？"我们应该向在场的所有人提出这个问题，让他们告知真实想法或者有什么异议。这些都是有用的参考信息。

3. 功利心不可太强

带着强烈的功利心去做销售，会让客户对我们产生不信任感，尤其是那些没有购买过我们产品的客户。当我们的言行举止流露出越快达成交易越好的迫切渴望时，客户就会怀疑我们或者我们的产品是不是存在什么问题。我们的行为越功利，他们的疑虑越深重。

4. 在确认客户的购买意愿之前，不要发送报价单或者提供合同

客户可能会对我们说"发一份报价单给我"或者"发一份书面文本给我"。但不要认为这是购买要约，它更可能是客户的托词。他们只是不想直接给我们泼冷水，所以给我们一个台阶下。销售总监在向客户发送书面文件之前，一定要和客户中所有拥有决定权的人签订全部的合同细节。假如不这么做，客户随时可能改变主意，让我们空欢喜一场。所以，我们一定要问清楚，客户到底有没有真正的购买意愿。如果有，我们再提供书面的报价，否则只是在浪费时间而已。

5. 重新认识客户关于价格的疑虑

有些客户会说他们要核实一下有没有预算，确认自己的经济承受能力。不过，这很可能只是一个托词。许多销售员会默认为客户的意思是预

算不够。实际上，他们真正拒绝我们的原因可能要从另外五个真实原因来找。我们可以先试探一下他们是否“差钱”。比如，向客户提问：“我们的产品性价比很好，恰恰是在帮您省钱。”假如客户重新考虑自己的决定，那么拒绝的真正理由就不是差钱。这时候，我们可以强调产品不会降价，但公司能提供更高的品质，回避价格问题，而突出产品的价值。

6. 确定我们是否真正吸引了客户的注意力

假如客户真的考虑购买，他们是不会在谈判过程中分心的。如果我们在说话时看到客户不停地玩手机，或者心不在焉，那就不要继续推销了。因为他们根本没有购买欲望，注意力不在我们这里，我们说再多内容也没用。销售总监遇到这种情况时，要找出客户分心的真正原因，看看客户是真有别的急事，还是纯粹不喜欢跟我们交谈。

7. 把最重要的信息留在最后

如果我们把最有价值的信息留在最后（比如公司的独家专利等），就能在谈判中掌握主动权。不少销售员由于害怕客户拒绝，总是滥用降价的手段。其实，我们可以拿产品的附加值做文章。比如，奖励措施、VIP服务、延长保修期、奖金方案、产品用途多样化等信息，可以在谈判中逐渐抛出来。当客户要求打折优惠时，我们可以问他是否愿意放弃上述产品的附加值，以此为交换条件，极可能让客户接受我们的报价。

利用七个心理法则说服客户

所有人在交易过程中，都受到七个心理法则的影响。无论是买方还是卖方，都不会例外。这七个心理法则同时包含了人们理性的一面和感性的一面。如果销售总监掌握了这些心理法则，就会对客户的思想动态有更加深入的了解，说服客户促成交易的手段也会更加丰富。销售的七个心理法则具体如下。

1. 因果法则

无论成功还是失败，销售结果必然有其原因。有些销售员抱怨客户难伺候，却不去考虑自己到底有哪些让客户不满意的地方，打击了对方的消费积极性。客户为了买到自己心仪的商品，可以天天逛商场、刷淘宝，不断搜索目标，准备出手。他们深知，不投入足够的精力去寻找，好东西肯定会被其他客户抢先拿下。销售总监应该花很多心思去研究客户的购物习惯，把自己代入消费者的视角，这样就能弄清客户做出购买决定的“因”，从而得到成功售出商品的“果”。

2. 报酬法则

每个人都希望自己的付出得到相应的回报。客户希望买的东西物有所值，销售员希望自己能谈成每一笔生意。但是，大家得到的回报往往少于自己的付出。所以，当看到自己能得到超出预期的报酬时，客户就会兴高采烈地下单。销售总监可以利用客户的这种心理，提供更多的优惠政策与额外服务，让客户觉得物有所值。

3. 控制法则

如果我们无法按照自己的设想控制事情的进展，心情和信心就都会变差。客户在交易中也会想方设法地控制局面，与销售员进行激烈程度不同的博弈。虽说销售总监必须力争时刻掌握谈判的主动权，但在次要的方面可以适当做出让步，满足客户追求掌控局面的主观感受，这样能促使客户更好地配合销售工作。

4. 信念法则

美国销售专家博恩·崔西说："所有信念中最危险的就是自我局限、怀疑和恐惧，它们阻碍你做那些可以使你成功的事情。这些信念让你认为自己能力不够、不聪明、长得不好、缺乏创造性、没有技巧等。一旦你怀疑自己，让这种自我局限的想法困住自己，你就屈服于它了。"销售总监不光要有娴熟的推销技巧，在精神层面也要抱有坚定的信念，相信自己一定能获得成功。客户也受制于信念法则。他们内心渴望某种新潮产品，但在此前从未接触过，不能确信这些东西是否能改善自己的生活。这时候，销售总监应该鼓励客户做更好的自己，大胆买自己想要的东西。

5. 集中力量出成效法则

当集中精力做某事时，我们更容易完成自己的目标，甚至连我们的工作生活习惯也围绕这个方面运转。销售总监应该避免把自己害怕的东西当成主要思考方向，应该集中关注那些积极的因素，并鼓励客户也积极地思考自己真正想要的是什么东西。

6. 同类吸引法则

博恩·崔西认为，销售员在对自己、产品及服务感到满意时，就会在其周围制造一个积极的心理能量圈。这个心理能量圈可以吸引更多的潜在客户、推荐人士以及成交机会。简单地说，我们为客户提供的服务越人性化，就越能吸引他们来找我们做生意。“物以类聚，人以群分”，寻找积极能量的客户更容易被具有积极能量的销售员吸引过来。能做到什么程度，就看销售员的心理能量够不够大了。

7. 一致性法则

我们的言行举止无不在折射自己的内心世界。销售总监的真实性格会在待人接物的过程中体现出来。如果我们希望客户对我们友好相待，那我们首先要对他们报以积极热情的态度，这样才能通过相互影响，实现内心世界与外在言行的一致，也是愿望与现实的统一。客户喜欢跟言行一致的销售员进行交易，因为他们诚实可信。

第十一章

狠抓服务质量，减少危机公关

没有服务就没有销售。服务质量糟糕的销售员，就算不被客户投诉，也已经进入他们心中的黑名单了。无论销售总监的策划多么尽心尽力，都可能被一些微不足道的服务细节打败。为此，销售总监必须狠抓所有部下的服务质量，避免引发客户投诉。否则，危机公关会变成家常便饭，任何精心部署的销售计划都会被打乱。如果平时为客户提供高质量的人性化服务，客户就会更加认同公司的品牌，消费意愿也会随之增强。这是避免销售总监出面做危机公关的治本之法。

客户预期：评估服务质量的基准线

服务对营销的重要性无须赘述。但要真正抓好服务环节，不能只是空谈理论，还应该有比较明确的标准。当用户体验大于客户预期时，客户就会认为自己享受的是优质服务；当用户体验小于客户预期时，客户就会觉得自己遇到的是劣质服务。

用户体验是客户在使用产品或服务时的主观感受。客户预期是客户心目中期待的产品或服务的样子。客户预期是评估服务质量的基准线。因为，客户只有在用户体验超出自己的预期时，才会对服务感到满意。想要了解客户预期，我们就得先弄清他们对服务的关注点。

1. 客户对企业服务水平的关注点

通常而言，客户主要从以下几个方面来感知企业的服务水平。

◎服务是否及时。

◎服务是否便利。

◎服务环境是好是坏。

◎服务质量如何。

◎店员在首次服务过程中的表现如何。

◎店员是否礼貌而有耐心。

◎店员处理问题时是否可靠。

◎店员是否敏锐地察觉到客户的为难之处。

◎店员是否能清楚而耐心地指导客户使用自助服务技术。

◎店员有没有兑现上一次的承诺。

2. 客户的决策过程中不应出现干扰因素

客户对服务的另一个衡量标准，就是自己做决策的过程是否顺利。客户的决策过程可以分为准备阶段与决策阶段。两个阶段大致包括以下步骤：

（1）准备阶段：选择公司及渠道

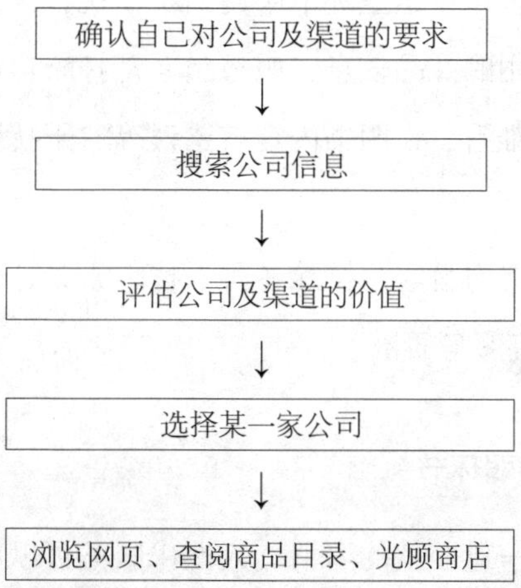

（2）决策阶段：选择具体的商品

确认自己对商品的要求

↓

搜集商品信息

↓

评估商品的价值

↓

选择具体的商品

↓

购买选好的商品

↓

购买后进行评价

上述步骤看似烦琐，实际上客户在准备充分的时候很快就能完成整个决策过程。假如客户在这些环节中遇到了干扰，消费积极性就会受到打击。比如，缺乏实用的商品信息、服务员老是打断自己的思路、想要的商品断货、商品包装难看、说明书内容有错误等“干扰因素”，都会让客户失去购物兴趣。

销售总监应该努力替客户排除各种干扰因素，让他们顺利地完成购买决策。这样才能提高服务质量。

3. 改进服务薄弱环节

服务建设不是一蹴而就的事情。人性化服务可以降低客户投诉率，但无法将其永远根绝。根据客户的投诉意见来改进服务的薄弱环节，也是我们应该坚持的努力方向。为了提高客户的满意度，销售总监应该遵照以下流程来改善服务工作。

（1）了解客户的关注点

员工必须把客户投诉视为了解自身不足的重要机会，以积极的心态让事情朝有益的方向转变。

（2）向直接接待客户的员工授权

我们应该让那些直接接待客户的员工获得当场做出合理决策的权力。要知道，当得知服务员没有决定权的时候，客户就会怒发冲冠，要求更高级别的管理者出面，而在此过程中，他们的不满情绪已经积累到更糟糕的地步。

（3）仔细聆听客户的抱怨

不要急于解释，也不要打断，只是安静地倾听，并且让客户清楚地看到我们确实在听他说话。当客户一吐胸中块垒后，气已经开始消了，这才是最佳的处理时机。假如我们通过复述和解释让客户确信我们已经把问题弄明白了，他们的不满就会进一步减少。

（4）表达真诚的理解

客户在抱怨时，会本能地希望别人关注自己的沮丧情绪。他们在表达不满，并且希望公司知道自己为什么不满。如果我们的回馈态度不真诚，则只会火上浇油。

（5）道歉并提出改进方案

多用“对不起”表态，表明自己充分尊重客户的质疑权力。我们可以根据具体情况来决定是替换商品还是退款，以某种形式为商店给客户带来的不便做出补偿。

客户喜欢和讨厌的服务细节

1. 客户喜欢的服务细节

如果我们能做好以下细节，就可以提高客户的好感度。

（1）让客户试用商品

客户希望能直接查看产品的质地、性能、舒适度以及有无瑕疵，并同其他商品做对比，这样就能确定自己买的是不是好货了。

（2）在商店里摆放镜子

大多数客户路过商场里的镜子时，都会下意识地看两眼，以确认自己是否仪表端庄。这样一来，他们就会放慢脚步，在商品展台前停留更久。服装、鞋子、珠宝、化妆品的展台会设置镜子让客户看试用效果。

（3）提供明确的路线提示

店内布局不能太复杂，否则会导致客户分不清方向，找不到目标。这无疑会让客户的消费兴趣下降。对女性客户来说，购物的乐趣主要是“逛”。当她们能根据店内的提示牌轻松地找到目标商品时，她们就会获得更多的满足感，顺便买点别的。

（4）不打扰客户跟同伴交谈

当客户结伴而来时，他们总是希望自己和同伴能自由地交谈而不被打断。我们应该给客户营造一个自由讨论的氛围，让他们在讨论之后自然地产生购物欲望。

（5）让客户熟识的店员提供服务

熟识的店员会让客户感到亲切。客户喜欢主动向熟识的店员说出自己的要求，从而获得贴心的帮助。特别是那些不爱社交的客户，非常希望能次次看到熟人。

（6）提供不太拥挤的讨价还价环境

大多数客户喜欢讨价还价，并能接受一定程度的拥挤。假如抢购者过多，客户没有足够的空间来验货和讨价还价，就会降低购物兴趣。反之，宽松的讨价还价环境会让客户觉得自己掌握了交易的主动权，消费决策就会变得更大胆。

2. 客户讨厌的常见细节

客户在购物过程中不希望碰到以下情况。

（1）镜子太多

女性客户希望商场里有镜子，但镜子摆放过多时，反而会削弱她们的方向感。这会导致客户不按我们希望的购物路线行走。

（2）排队时间太长

结账的时候，客户最不喜欢排队。假如收银员动作不麻利，长长的队伍半天不动，心急的客户就会不断抱怨，其他客户的情绪也会变得消极。

（3）缺乏详细的新产品介绍

客户对新产品往往比较好奇，可能会要求试用。但他们对新产品肯定不熟悉，希望销售员能及时而细致地讲解，而不是视而不见。

（4）商品放在需要弯腰才能拿到的位置

弯腰的动作会让客户感觉累。尤其客户的双手已经拿满东西，弯下腰去拿一件商品就变得更吃力了。让客户在购物过程中感到麻烦和疲惫，都属于服务不周的表现。

（5）需要的东西缺货

客户对自己白跑一趟是很有怨念的。

（6）价格标签模糊不清

价格标签不清晰，客户就会怀疑该商品存在疑点甚至陷阱。这个细节也反映出商店日常管理不善。

（7）服务水平不佳

销售员说话不礼貌，做事磨磨蹭蹭，一问三不知，态度冷漠，都是服务水平不佳的表现。客户当然会感到不高兴。

3. 服务细节的自我检查

以下是员工服务细节的自我检查表。请根据你的日常表现来逐条对比每项。如果回答“是”，就在括号里打“√”；如果回答“不”就打“×”。得到的“√”越多，代表你提供的服务细节越完美。

（　）你是否信任客户？

（　）你能否充分支持卖出的商品？

（　）如果客户发现问题，你能够轻松解决吗？

（　）一线员工是否有权对问题做出恰当的处理？

（　）你能否为所售商品提供足够的保证？

（　）在本公司，对客户讲诚信是否重要？（比如，保证广告产品的货源充足，按时赴约等。）

（　）你是否珍惜客户的宝贵时间？

（　）客户使用你的设施和服务系统时，是否感到方便高效？

（　）你的员工是否明白服务客户比文书工作和整理货架等其他工作更加关键？

（　）你能否与客户进行友好而畅通的沟通？

（　）店内标志是否有用？

（　）广告是否有说服力，且让客户感到有品位？

（　）接待客户的员工是否具备足够的职业素养？

（　）员工能否用带有笑意的语气迅速接听以及回复电话？

（　）你的声音传递友好信息了吗？

（　）你是否尊重所有的客户，而不计较他们的外表、年龄、种族、地位、购买量及消费次数？

（　）你是否制定了特殊的预防措施，以避免员工对某些客户存在歧视性对待的行为？

（　）你对客户的光临是否心存感激？

（　）你对没有买任何东西就离开的客户有没有说“请慢走”“谢谢惠顾”“欢迎下次再来”之类的礼貌用语？

（　）你是否尊重自己的员工？

（　）当你的员工被要求尊重客户时，他们自己是否得到了应有的尊重？

能够提高客户满意度的增值服务

服务比商品多了一个很重要的东西，那就是人性关怀。机器制造的商品往往大同小异，由人亲手完成的服务都多种多样。优质的服务会让商品变得更宝贵，会让公司的形象变得更高大。销售总监只有抓好服务环节，才能提高客户满意度和品牌竞争力。客户希望得到的增值服务有哪些呢？我们先从服务的基本类型讲起。

1. 服务的四种基本类型

为客户提供优质服务是零售商义不容辞的使命，但提供服务也要考虑成本与效果。零售商应该提供对客户真正有价值的服务项目。根据服务的成本和服务对客户的价值，我们可以把服务分为四种类型。

（1）基础类服务

基础类服务的特点是低成本、低价值。有它未必让客户高兴，但没它就会影响购买率。比如，免费停车、门店导购等措施，都属于基础类服务。

（2）失望类服务

失望类服务的特点是高成本、低价值。这种服务做起来既费劲，又让客户感到困扰，是最费力不讨好的服务。比如，强行推销客户不需要的商品、捆绑赠送客户讨厌的商品等措施，都属于失望类服务。

（3）忠诚稳定类服务

忠诚稳定类服务的特点是低成本、高价值。这种服务操作起来并不费力，还能让客户的好感度增加。比如，热情礼貌的服务、专业的购买建议等，都属于忠诚稳定类服务。

（4）忠诚培养类服务

忠诚培养类服务的特点是高成本、高价值。虽然这种服务需要投入较多的成本，但最有利于培养客户的品牌忠诚度。比如，便捷的交易手续、及时的送货上门、礼品登记、组织VIP客户进行联谊活动等，都属于忠诚培养类服务。

客户对公司的第一印象来自于基础服务。想要进一步提高他们的品牌忠诚度，就必须增加忠诚培养类服务，并且以忠诚稳定类服务巩固客户满意度。销售总监应当保证提供基础类服务，增加忠诚稳定类服务和忠诚培养类服务，最大限度地避免失望类服务。

2. 始终用对方喜欢的方式服务

打动客户的最佳方法，就是坚持用客户喜欢的方式服务。“对方喜欢的方式”是一个主观性很强的概念。我们在初次接触客户时只能凭借观察和沟通来了解客户的喜好。此外，从客户的交易数据也能分析出他们喜欢哪些产品和服务。从操作层面来说，“用对方喜欢的方式服务”就是在服务中贯彻“人情味”，让客户感到心情舒畅。

富有“人情味”的服务，必然是个性化和人性化的服务。个性化服务有着迥异于竞争对手的鲜明特色，让客户产生耳目一新的感觉。人性化服务则以温暖、体贴、便捷为亮点，直接触动客户的心灵。

当然，这种服务理念对企业和员工提出了更高的能力要求。销售总监在培训员工、建设团队时，应该带头推行“用客户喜欢的方式服务”的精神。

3. 客户比较希望看到的增值服务

世界500强公司常用的增值服务项目主要有以下这些。

◎送货上门。

◎信用卡服务。

◎加工和安装设备。

◎包装售出的商品。

◎处理客户投诉和退换货。

◎发放礼品券和优惠券。

◎提供特价折扣。

◎试购产品。

◎针对老客户展开特别促销活动。

◎赠送礼品。

◎延长营业时间。

◎开通邮购、网购或者电话订购渠道。

◎为客户当购物顾问。

◎为客户提供婚礼礼品单。

◎为客户提供停车服务。

◎为客户提供免费餐或特价餐。

◎为客户提供信息服务。

◎帮客户照看小孩。

如今的企业增值服务呈现出多样化的发展趋势，每年都会出现崭新的服务项目。供应的商品往往大同小异，谁能在服务上有所创新，谁就能获得更多的竞争优势。这就需要销售总监不断关注其他公司的服务，择其善者而从之。

销售过程中的服务禁忌

人们常说："欲速则不达。"我们越是急于求成，就越可能触犯服务的禁忌，导致客户心生不满，放弃购买。一旦出现这种局面，无论我们提供多少增值服务，都无法挽回。为此，销售总监应该向全体员工反复灌输以下知识。

1. 客户在三种状态下不会做出购买决定

假如客户处于怀疑状态、恐惧状态、尴尬状态，他们就不可能做出购买决定。

（1）怀疑状态

客户此前可能从亲朋好友那里打听到了某些信息，如果他们发觉销售员说的与自己听到的不一样，就会产生怀疑。在这种情况下，销售总监应当适当地展示出自家产品的缺点，让客户明白我们没有隐瞒任何重要信息。很多销售员只是一味地吹捧自己的产品，客户是不会信任这种人的。

（2）恐惧状态

客户是害怕犯错的。他们宁愿不做决定，也要避免做错误的决定。他们之所以优柔寡断，就是出于这种心态。只有消除这种恐惧，客户才敢于做决定。

（3）尴尬状态

如今的产品和服务越来越复杂，客户往往对我们的产品了解不深，却又不想暴露出来，以免被我们小看甚至诓骗。假如我们在展示产品时把客户当成什么都不懂的小毛孩，他们就会很尴尬，就算不明确拒绝我们，也不会买我们的产品。

2. 销售时不应该做的事情

（1）不要与客户争吵

当我们与客户争吵时，他们就会在上述三种状态之间来回切换。我们给他们施加的压力越大，他们的不满情绪就越大。这时候，客户一定会毫不留情地还以颜色，然后拂袖而去。我们还要祈祷，他们没有把负面口碑传播到朋友圈。

（2）不要急于降价

有些销售员以为，只要价格足够便宜，客户就一定会买。殊不知，客户看到我们这么快降价，就会怀疑我们的产品是不是缺乏价值。由于我们没有解答客户心中的疑虑，客户会说："我现在不感兴趣。"我们应该认识到自己产品的价值，而不要一味地打价格战。客户固然在意价格，但他们不只关心价格，更在意产品的综合价值。这恰恰是我们应该全面展现的东西。

（3）不要总想着往前推进

有些产品或技术的销售工作需要较长的周期，途中会有很多波折。这通常是大宗生意。我们应该耐心地完成交易，而不要急于推进过程。对于这种生意，客户肯定会给我们设置层层考验，我们要逐步攻克，才能赢得他们真正的信任。

（4）不要卑躬屈膝

缺乏自信的销售员会对客户说："能告诉我您什么时候可以决定吗？"或者说："我会告诉您我的家庭电话，您有任何问题或疑问可以随时联系我。"这种表达方式看似热情满满，实则有些卑躬屈膝，让客户感觉我们是在求着他买，求着他第二天给我们带来好消息。其实，客户如果对产品感到满意，就会尽快做决定。他们不想做决定时，才会使用缓兵之计。销售员应该敏锐地察觉客户的真实意图，了解他们真正的疑虑，而不是傻傻地等着客户给自己回电。

（5）不要过分逼迫客户

假如有一位销售员对我们说："如果你现在不买，我们就要涨价了。我们现在在做促销活动，马上要恢复原价了。过了这个村就没这个店了。"试问，我们心里是什么感受？恐怕会感到非常不爽。这个销售员只是在逼着我们赶紧决定，急于卖出自己的产品。这种做法显然太缺乏诚意了。销售员一旦这么做，没被吓到的客户就会变得高度警惕，再也不相信对方的话了。所以，销售员要清楚客户当前的感受，注意不要过分催促他们做决定，而要给他们留一点思考的余地。

（6）不要推销不适合客户的产品

销售员要想卖出产品，就必须主动发现客户的疑虑，回应他的关注点。我们的推销很热情，说辞很完美，但那款产品并不适合客户使用。客户对此心知肚明，只是有时候不想说得太直白。在这种情况下，我们不能强行推销，试图用口才针锋相对地驳斥客户的借口。我们必须倾听客户真正关注的问题，并且做出恰当的回应，这样才能完成一次成功的销售。

应对危机公关的注意事项

说实话，真心不希望看到大家走到这一步。但事实上，任何一家世界500强公司都免不了每年接到大量客户投诉。甚至可以说，客户投诉也是销售服务的重要组成部分。销售总监不可避免地要处理危机公关问题。为了不让负面影响扩大为铺天盖地的负面舆论，我们应该注意几个事项。

1. 控制好投诉现场的气氛

不要妄想自己能保持零投诉记录。我们唯一能做的就是沉着应对，以智慧和耐心消除客户的怨气。我们应该对每个反对意见都给予赞扬，将其视为客户对我们产品和服务提出的真知灼见。我们要让客户畅所欲言，把他们的每个顾虑都讲清楚。我们要学会接纳反对意见，把关注点从“摆平客户”变为“与客户一同找出问题的根源”。

美国营销专家博恩·崔西说：“不管潜在客户说什么，你都要完整地听他讲完。耐心地听一切反对意见，即使你已经听了上千次同样的意见，也千万不要跳起来用你准备好的回答轻率回应。因为，对这个潜在客户来说，这是他的第一次，你尊重他的提问对他而言是很重要的。”

客户投诉主要是觉得产品没有满足自己的预期。有时候的确是产品本身太次，但有时候是客户的预期过高。不管怎样，愿意以投诉的方式来尝试解决问题，足以说明他们并不是彻底放弃产品，而是希望得到符合预期水平的补偿。

通常而言，客户在投诉时会默认为销售员站在自己的对立面，怀疑销售员肯定会推三阻四。假如销售员能以积极的态度帮助客户，有效解决客户的疑虑，客户对公司的满意度反而会比以前更高。

2. 三种错误的做法

（1）跟客户争执

这无疑是种低情商的行为。投诉的客户也许态度很恶劣，让人感觉非常麻烦。但我们必须学会换位思考，控制好自己的情绪，倾听客户的反对意见。销售总监和客服人员应当注意根据不同情况来灵活处理投诉。但无论怎样，让客户没有怨言地离开都是唯一的宗旨。

（2）害怕道歉

有些销售总监害怕自己颜面扫地而不愿出面道歉，结果导致抗议声越来越大，又增加了道歉的成本。恶性循环由此形成。销售总监要学会在第一时间及时道歉，因为这是负面舆论影响最小的时候，真诚而负责的态度可以把损害降至最低。

（3）装聋作哑

有些销售总监试图通过装聋作哑来拖过这一轮热点时期，让自己的负面新闻自动冷却下去，被人们遗忘。尽管舆论过一阵子就会出现新的热点，但我们拒不道歉的负面形象已经被大众印在脑海里，随时可能被别人翻旧账。

3. 博雅公关的“道歉启事”

当我们需要召开新闻发布会进行公开道歉时，可以考虑借鉴博雅公关公司的“道歉启事”架构。这个“道歉启事”的基本架构如下图。

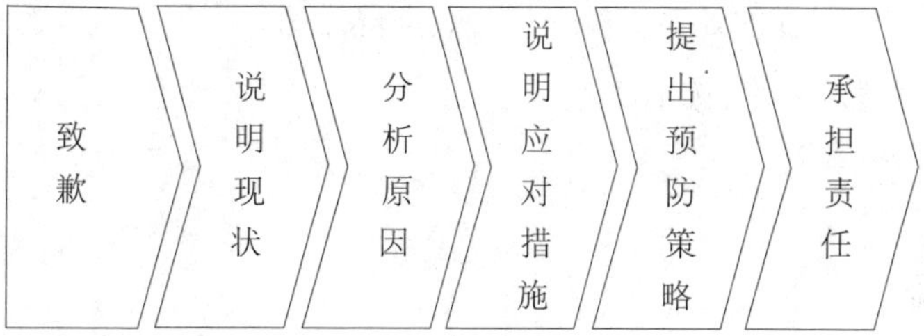

“道歉启事”的每个环节操作要求如下。

（1）致歉

有关负责人必须在第一时间明确传达道歉的主旨，简要概括发生了什么事情，让大众弄清楚我们为什么要道歉。

（2）说明现状

详细阐述事情的起因、经过、结果和造成的负面影响。假如对自己的“罪行”避重就轻，就会引起公众的强烈反感。

（3）分析原因

公众当然希望弄清楚事情为何会落到如此地步，必然会要求道歉者分析具体的原因。在这个环节，我们不可以过于笼络，敷衍了事只会让公众怀疑企业隐瞒了真相。

（4）说明应对措施

这里的应对措施指的是能马上执行的短期应急对策，跟道歉对象的利益息息相关，应当及时给出方案。

（5）提出预防策略

大众的主要质疑是公司今后是否还会犯同样的错误，所以道歉启事必须明确提出避免问题再度发生的根治措施，以消除大众的疑虑。

（6）承担责任

我们应该承认自己负有不可推卸的责任后再道歉，并且根据错误的严重性接受相应程度的处罚。最好让公众觉得公司具有知错就改的社会责任感，从而恢复对公司的好印象。

第十二章

总监是将不是兵，把团队成员都带成精英

无论什么时候，销售总监都一定要记住，自己不能再做单打独斗的孤狼型销售精英，而应该成为头狼型管理精英。孤狼型销售精英的业绩也许会超过一支平庸的销售团队，但并不会有效提升公司的整体实力。一旦孤狼老、病或跳槽，公司的销售就会元气大伤。头狼型管理精英则不然，他们不仅自己能力出众，还善于发现人才和培养人才，把自己团队的成员都训练成精英。这样的销售团队不仅能战胜那些孤狼型竞争对手，还能让公司的发展更加健康有序、后劲十足。

外部招聘和内部培训要结合起来

销售团队建设始于招聘人才，成于培训人才。外部招聘和内部培训不可偏废，只有双管齐下，才能为销售团队提供充足的人才资源。因此，销售总监要高度重视招聘和培训工作。

1. 招聘的四个环节

招聘工作主要分为四个环节。

（1）制订招聘计划

招聘计划主要包括以下内容。

◎招聘需求清单，含所招岗位的职务名称、人数、应聘资格等信息。

◎招聘广告发布的渠道与时间。

◎招聘小组成员的姓名、职务、分工内容。

◎考察应聘人员的办法、地点、时间及考试内容设计者的姓名。

◎招聘活动的截止日期与新员工上岗的时间。

◎资料费、广告费等各种开支预算。

◎用于协调各部门配合工作的详细的招聘工作时间表。

◎招聘广告海报的样稿。

（2）筛选应聘人员

◎对应聘者的个人简历或申请表进行初步筛选，淘汰不符合岗位要求的人。

◎向应聘者发出面试通知，告知其面试时间、地点及其他要求。

◎正式面试，可以采取笔试与面谈相结合的方法，分为初试和复试两个阶段。

（3）试用期观察

通过面试的应聘者即可录用为公司员工，进入试用期考察阶段。在本阶段，有些新员工可能会认为公司与自己的想象有较大出入，在试用期尚未结束就提出离职。

（4）转正考核

这是招聘工作的最终环节。新员工的转正考核主要看其工作能力、工作态度和工作成果三个方面。通过考核者即为公司正式员工。

2. 不同类型员工的培训策略

公司的培训对象包括新入职员工、重点培养的骨干员工以及需要“充电”的各销售区域的经理／店长。销售总监在设置培训课程时，应该结合培训对象的特点来制订差异化的培训方案。其中，骨干员工与经理／店长的培训更为重要。

（1）骨干员工的培训

骨干员工是各部门的业务骨干，他们需要在以下几个方面有所提升。

◎团队合作意识。

骨干员工是从基层岗位做起的，最初的工作内容相对单一，后来逐渐变得复杂。他们有一技之长，个人能力极强，但团队合作能力未必很好。

骨干员工必须学会团队合作，带动团队其他成员的成长。销售总监要重点培训他们的团队合作意识与团队管理技巧。

◎自我管理能力。

骨干员工在业务技能上优势明显，容易变得恃才傲物，不把规章制度放在眼里。这种两头冒尖的人才往往让公司管理层非常头疼，他们散漫的作风会给其他员工带来不良影响。所以，提高骨干员工的自我管理能力应该作为一个培训重点。

◎价值观和使命感。

尽管企业希望所有的员工都能认同公司文化价值观，但并不是每个人都会发自内心地拥护公司的价值观。假如骨干员工缺乏使命感，一遇到逆境就想散伙走人，就会影响公司业绩的稳定性。

◎其他工作所需的新技能。

根据其能力短板来制订强化训练方案，让骨干员工在第一时间接触到工作相关的新知识、新技能。

（2）经理／店长的培训

培训提拔或调动到新岗位的经理／店长，对公司的发展至关重要。很多公司的误区是对经理／店长重使用而轻培训。对这类员工的培训策略可以从以下几个方面着手。

◎四项基础工作能力。

经理／店长的基础工作能力主要包括沟通表达能力、思维理解能力、组织协调能力、学习能力。这些能力其实是每个员工都应该具备的，只不过对经理／店长的要求更严格一些。

◎七项管理技能。

七项管理专业技能主要包括：市场调研技能、相关产品技术知识、组织规划技能、项目管理技能、员工激励技能、销售渠道维护技能、营销策划技能。这些技能具有很强的专业性，需要经理／店长不断学习，以保持见识和思想与时俱进。

◎企业使命及公司的新战略目标。

经理／店长要加强对企业使命与公司战略的学习，对本部门团队的发展心里有数，这样才能更好地完成公司的营销战略规划。

团队建设的八个要素

销售总监为公司精心制订的营销战略规划，需要一批优秀的员工来执行。因此，打造一支有实力的销售团队，是销售总监义不容辞的责任。不过，打造一支有实力的销售团队并非易事，销售总监在进行团队建设时，应该从以下八个方面着手。

1. 团队管理者的综合素质优良

销售团队管理者应当具备四项基础工作能力——沟通表达能力、思维理解能力、组织协调能力、学习能力；七项销售及管理专业技能——市场调研技能、相关产品技术知识、发展规划技能、项目管理技能、员工激励技能、销售渠道维护技能、营销策划技能等职业素养。这十一项能力共同构成了团队管理者的综合素质。

2. 其他员工能力出色

销售是一项系统工程，需要多人分工协作，而不能仅靠销售总监一人单打独斗。假如销售总监个人素质超强而其他员工素质参差不齐，只能说明他的带队能力有重大缺陷。优秀的销售团队应该是“强将手下有精兵”，每个员工都有自己的一技之长，并且能与其他同伴默契配合。只有这样，销售总监才能向各个销售分区投放本部门的业务精英，确保整个销售渠道的高效运营。

3. 具有明确的发展规划

公司的营销战略规划主要由销售总监来制订。销售总监应该确立销售部门的发展目标。制订发展规划能力是销售总监综合素质模型中的一项重要指标。销售总监不仅要做好公司销售渠道的布局规划，还要对销售部门团队的发展规划有长远打算，特别是对内部销售团队的发展壮大与更新换代，应该有一个系统的建设方案；否则，团队成员就会对自己未来的发展感到迷茫，无法保持工作积极性。

4. 业务管理制度较为完备

一个优秀的销售团队应该摒弃随意性较强的管理方式，坚持公开透明、规章严密的管理模式。销售总监要向制度要效益，否则就会陷入过分依赖个人经验办事的误区，其效果当然不如依靠制度做出的效果好。业务管理制度建设应该是由内而外的，首先把销售部门的业务管理制度做细致，然后才是整个公司的渠道业务管理制度，最后完善与各级经销商之间的业务管理制度。有了完备而细致的业务管理制度，销售团队各成员才能严格按制度办事。

5. 部门工作流程规范化

销售渠道运营流程不规范会导致各个渠道环节衔接不良，这是引发渠道冲突的重要原因。规范的运营流程有利于企商各方相互监督，建立互信机制。由于渠道成员可以在更透明的规则与更规范的标准下进行分工协作，整个渠道运营的效率肯定会有所提升；因此，销售总监必须制定出一个部门全体成员都遵守的运营流程，务求让公司销售部员工与外部渠道成员按照流程规定来处理各种日常问题。规范化流程最大的好处是减少不必要的风险，让员工高效率地办事。

6. 绩效考核体系科学合理

绩效考核体系本质上是用利益激励全体员工朝着公司的发展目标努力工作。当组织需要发展哪个方面，绩效考核指标就会往那个方向倾斜。销售总监在考核团队成员时，不能只简单看销售量的多少，还应该综合考核其他方面的综合表现。假如单纯以销售业绩为纲，团队成员就有可能会重销售而轻客服、重推广而轻维护。有的人为了提高个人销售业绩，甚至不惜与团队其他成员进行恶性竞争。比如，部分员工串通某些经销商跨区域窜货，破坏销售渠道的秩序。除了个人品德因素外，不合理的绩效考核体系也是催生这种不良现象的土壤。假如绩效考核指标脱离实际，优秀的人才总有一天会流失殆尽。

7. 团队凝聚力强，成员关系融洽

如果销售团队钩心斗角，公司就无法发展壮大。理想的团队关系是全体成员在心往一处想、劲往一处使的基础上，展开你追我赶的良性竞争。大家不玩卑鄙的手段，而是堂堂正正地较量实力。这种相互促进、共同成长的氛围，不仅能增强团队凝聚力，还能促进整个销售部门朝着学习型组织的方向不断进化。

8. 职业操守与事业心

职业操守与事业心最能体现销售团队的精神风貌与专业素养。拥有职业操守的员工往往责任心更强，遇到突发问题时敢于挺身而出，面对困难条件能坚持不懈。假如没有良好的职业操守与强烈的事业心，销售总监就无法服众，其他团队成员也会互相看不起，整个团队变得浑浑噩噩，从而埋下各种隐患。

不得人心，怎么带得好团队

销售团队的执行力，取决于员工们的工作效率。人不是机器，总有状态起伏。想要部下保持良好的工作状态，销售总监就不能不重视激励问题。不少管理者经常犯两个毛病：一个是过分苛责部下，小错重罚，批评时不留情面；另一个是在部下内心迷茫时不能及时给予指导，反而觉得部下是累赘。这种妄自尊大而缺乏人文关怀的做法，只会让管理者更加离心离德。

1. 销售团队的基本管理原则

各大企业的销售团队建设思路存在差异，但团队管理的基本原则是殊途同归的。销售总监在带团队时应当重视以下原则。

◎员工的招聘和筛选程序必须能吸引足够多的应聘者。

◎某些培训时间安排不能太长，因为很多员工是临时性的且缺乏工作经验。

◎必须让员工认为报酬是公平的。

◎必须给敬业的员工更多晋升机会。

◎对员工的仪容仪表与工作习惯要做出明确而具体的规定，并且定期检查。

◎让不同背景的员工能和睦相处，减少全职员工与兼职员工的冲突。

◎避免因高离职率或兼职员工比例过高而造成士气低落。

◎组织应该关心员工的生活情况。通过轮换岗位、内部晋升、表彰业绩、工作内容丰富化、让员工参与管理等方式来提高员工士气。

◎控制员工迟到、旷工、离职等现象，以免团队风气变得懒散。

◎明确各层级的命令链，让员工明确他们应该向谁汇报工作以及谁应该向他们汇报工作。这样才能让整个团队从最高职位到最低职位井然有序地分工协作。

◎统一指挥，一个下级只能向一位直接主管报告，以免政出多门，让员工对相互冲突的命令无所适从。

◎一名经理直接指挥的员工数量不能太多，以保持精干的队伍。

◎每个特定目标的负责人要获得充分的授权，以便高效率做事。

◎避免组织层级过多，否则会增加沟通和协调的难度，让团队运转变得低效。

◎在正式组织的内部必然会出现非正式组织，非正式组织在团队运营中的实际作用可能比正式的组织和程序更大。团队管理者应当学会积极笼络非正式组织。

2. 部下眼中的好上司会这样做

大部分销售总监是从最基层的员工逐步晋升起来的。当他们成为团队领导的时候，他们就不得不面对管理部下的问题。如果不善于处理和部下的关系，什么宏伟目标都完不成。假如这个团队缺乏凝聚力和执行力，问题首先出在作为领头雁的销售总监身上。为了提高部下的工作效率和凝聚力，销售总监应该养成以下习惯。

（1）在正式场合称呼部下为“××先生/女士”

职务只是代表着工作内容的不同，所有人的人格都是平等的。上司与部下之间的评价基准是工作成果。无论地位高低，谁取得了出色的工作成果，谁为公司做出了贡献，谁就会受到他人的尊敬。销售总监应当在正式场合称呼部下为“××先生/女士”，以此表达对部下的敬意。

（2）认可部下，激励部下

我们都盼望自己的努力能得到领导的肯定。易地而处，我们成为领导之后，不能只是一味地督促和批评部下，更应该给予他们足够的肯定与鼓励。这会让部下对我们心存感激，更加充满干劲地工作，真正成长为我们的左膀右臂。

（3）用假设引导部下反思

如果销售总监一上来就劈头盖脸地指责部下，部下通常不会服气。当部下做得不够好时，优秀的管理者会向他们提出一些假设情况，逐步引导他们发现自身问题，认清改进方向。销售总监在帮部下解决问题时，应该像帮助客户解决问题那样，把问题具体化，指导部下从零开始思考。

（4）与部下坦诚交流，消除他们的困惑

有些优秀的人被提拔为领导后，很快就遇到了“不知道该跟谁商量”的问题。他们个人能力出众，责任感很强，自尊心也更高。当部下遇到困难时，他们会挺身而出摆平麻烦，从而得到大家的尊敬。但轮到自己碰上烦恼时，他们总是独自承受，不愿意与他人商量，导致团队整体工作效率下降。部下猜不透领导的心思，内心会困惑不安。因此，销售总监应该学会与部下坦诚交流，为他们提供热心的职业生涯指导。

激励水平决定团队士气

团队管理离不开物质和精神激励。如果激励不到位，大家工作就缺乏干劲。一旦士气变得低落，再优秀的精英员工也会碌碌无为。因此，销售总监不能只盯着销售目标，督促部下完成任务，还要经常激励大家的士气。这项工作要从绩效考核抓起。

1. 制定合理的绩效考核制度

绩效考核制度以评估员工的日常表现为主要手段，以此作为薪资评级、人事调整的依据，同时也能给内部培训提供参考数据，最终实现激励员工奋发上进的目标。销售总监在制定绩效考核标准时，应该注意四个问题。

（1）量化四个维度，全面考核员工

绩效考核的四个基本维度分别是数量、质量、时间和成本。数量指标包括产量、销售额、利润率、客户流失率等。质量指标包括满意度、通过率、达标率、创新性、投诉率、误差率等。时间指标包括出勤天数、及时性、工期、新产品上市周期、更新周期等。成本指标包括成本节约率、投资回报率、折旧率、费用控制率等。这四个考核维度都应该在绩效考核体系中有所体现，但销售总监要考虑到不同岗位工作的差异，合理分配各项指标的比重。

（2）考核项目必须数据化、具体化、流程化

考核项目最好能以数据形式来表示评估结果。对于那些无法用数据精确描述的考核项目，我们也要尽可能地把考察内容具体化。统计数据一般比主观评价更有说服力。考察内容越明确具体，就越能揭示员工的优缺点，让大家心服口服。考核项目应当跟工作流程密切结合，这样我们才能发现问题究竟出在哪个环节。

（3）过程与结果都要考核

世界500强公司越来越重视过程管理。如果能严格遵守正确的过程，我们就能得到较好的结果，至少能避免不必要的损失。只考核结果而不关心过程，是一种粗放的管理模式。这容易让员工片面追求结果，却忽略资源浪费、重复劳动等降低效率的隐患。销售总监在设计绩效考核体系时，应该把对过程的考核包括在内。

（4）考核体系应具有系统性与可行性

绩效考核应该把员工做了什么、为什么做、怎么做、做多少、在哪里做、何时做完、谁来做等问题都考察清楚，给予相应的评分。考核责任应当具体到每个人。各个部门团队的绩效考核既要有区别又要存在关联性。销售总监应该根据公司的新方针来不断调整考核标准。此外，绩效考核指标必须具备可行性。指标过低缺乏激励效果，指标过高缺乏可行性。

2. 激励员工的常用手段

销售总监要运用激励手段来提高员工的忠诚度，降低员工的流动率。常用的激励手段主要有三种。

（1）物质奖励

物质奖励包括销售提成、季度奖、年终奖等形式。销售总监可以通过增设特殊奖项来激励表现优异的员工。有的世界500强公司甚至会奖励员工一些公司股份，或者特许员工以折扣价认购公司股份。成为公司股东的员工为了让所持股票升值，会更加卖力工作。

（2）给予足够的授权

基础员工承担的工作任务最重，面对的困难更多；但是他们的薪资待遇通常是最低的，做事权限也最小。他们未必没有好想法，只是缺乏足够的权限和支持。销售总监应该对某些能力出众、敢想敢干的员工授予足够的权限，让他们有条件去独立处理某些问题。这将大大提升他们的工作积极性。

（3）提供培训课程

员工在培训课程中能学到更多的知识，掌握更多的技能，提升个人价值。销售总监也能从中选拔出可造之才，增强销售团队的实力。

3. 把员工视为自己的伙伴

销售总监应该为员工营造一个团结友爱、同甘共苦的团队氛围。这样大家才能在工作中感到快乐。为了与员工建立伙伴关系，销售总监需要做到以下几点。

（1）平等待人

销售总监和员工在地位和待遇上有天然差异，但销售总监可以放下领导架子，跟员工打成一片。这会让员工获得平等感，感受到自己被公司尊重和信赖。

（2）员工内部晋升政策

销售总监应该多从团队内部挖掘人才，把管理岗位尽量留给那些经验丰富、表现突出的内部员工，而不是一味从外部寻找“空降干部”。这会让员工相信自己在公司有上升空间，付出就能得到回报。

（3）帮员工实现事业与家庭的平衡

每个人都要面对事业与家庭的平衡问题。销售总监应该适当关心员工的生活困难，通过用弹性工作制、同事轮流分担工作等方式来给遇到麻烦的员工更多调整的时间。树立人性化管理意识是做好激励的根本。

后记

你为什么要做销售?

对于这个问题，一千个人可能会给出一千种答案。

有些人做销售是为了养家糊口，有些人是为了升职涨薪，有些人是本身就热爱销售，有些人则是因为销售的门槛低才入行的。

无论你最初是抱着何种目的、动机而来，都应该明白一点——销售是一项平凡而伟大的工作。

所有的物质文化产品都是通过销售来实现交换和分配的。随着社会的发展，消费市场会继续扩大，参与销售的主体会不断增加，受益于销售的人群将遍布我们身边的每个角落。

我们销售人员，无论是身处高位还是冲在一线，都是经济发展的建设者，应该为自己从事销售工作而感到骄傲。盘活各行各业，为市场经济的繁荣做贡献，就是我们存在的意义。

在这几十年时代剧变的过程中，传统的销售理论正在被颠覆，过去的销售模式正受到冲击。未来的销售会采取什么样的组织形式和运营方式，不是本书能回答的问题。但作为销售人员，我们是当仁不让的探索者。销售行业的变革即将洗礼今天的每一位销售人员，我们必然会面对各种未知的挑战，迎接时代的车轮。

本书分享的一些经验和看法，在销售的世界中只算是九牛一毛。销售之道博大精深，有很多待开发的宝藏。销售之路永无止境，请诸位不要停下步伐，要脚踏实地，勇往直前。